JN098489

あなたの経験とつながる

教育心理学

杉村伸一郎［監修］／三宅英典［編著］

ミネルヴァ書房

まえがき

　本書は，教職課程に対応した教育心理学テキストです。具体的には，幼稚園教諭，小学校教諭，中学校教諭，高校教諭を目指す大学 1 〜 2 年生が（ほぼ）初めて心理学に触れる本という位置づけで想定しています。

　特に，本書は編者の「幼稚園教諭・保育士志望の学生にとっても，もう少しとっつきやすい教育心理学テキストがあればいいのに……」という思いから企画がスタートしました。もちろん，教職課程に対応したテキストなので小学校〜高校の教員を目指す人にとっても，学んでほしいエッセンスをたくさん散りばめています。

　これらを踏まえて，学習者である学生の皆さん（あるいは教育心理学に興味をもって手に取ってくださったあなた！），実際に授業で本書を使用する教員の方に向けてそれぞれメッセージをお届けします。

本書で学習をはじめるあなたに（学生・初学者の方へ）

　本書は教職課程を目指す方に向けたテキストで，主に 3 つの特徴があります。

1. 自分でどんどん読み進められるテキスト！

　本書はできる限り，教員の力を借りずとも，あなたが自分で読んで自分でわかるように作りました。テキストの各章は，どこから読みはじめても OK です。ここでいったん，目次を見てみてください。あなたの興味のあるテーマは何ですか？　ぜひ，授業に関わらず，自分の興味関心で読み進めてみましょう。

2. あなたのこれまでの経験と結びつける！

　心理学で学ぶ内容は，その用語や説明が難しく感じます。ですが，よくよく噛み砕いてみると，「なんだ，そのことか」ということもしばしばあります。そこで，本書はなるべく大学生までにあなたが経験してきたことに触れながら「これって，心理学ではこう言うんだ！」と実感できるように努めました。ぜひ，自分の経験を具体的に当てはめながら内容の理解を深めてください。

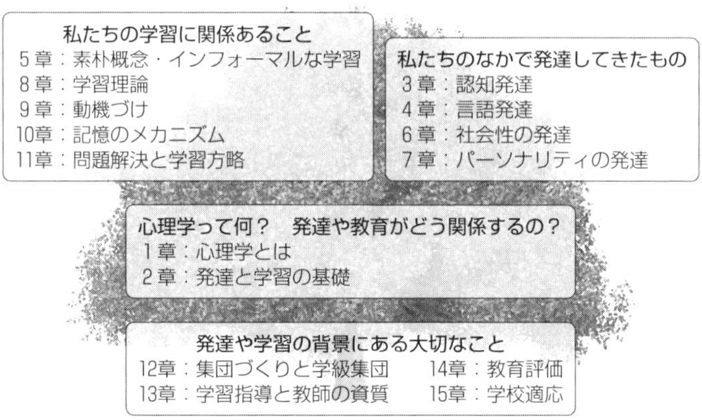

私たちの学習に関係あること
5章：素朴概念・インフォーマルな学習
8章：学習理論
9章：動機づけ
10章：記憶のメカニズム
11章：問題解決と学習方略

私たちのなかで発達してきたもの
3章：認知発達
4章：言語発達
6章：社会性の発達
7章：パーソナリティの発達

心理学って何？　発達や教育がどう関係するの？
1章：心理学とは
2章：発達と学習の基礎

発達や学習の背景にある大切なこと
12章：集団づくりと学級集団　　14章：教育評価
13章：学習指導と教師の資質　　15章：学校適応

図1　樹木になぞらえた教育心理学の学習内容

3．本書は心理学のとっかかり。自分で興味を深掘りしてみよう！

　世の中には，すでに教育心理学をはじめ関連する分野を扱う書籍がたくさん出版されています。ですが，初学者にとって，どの書籍にチャレンジしたらいいのかはなかなか判断できません（そうして挫折することもしばしば……）。そこで，本書は各章の中で興味をもったことを自分自身で広げていくために，あなたに向けたオススメ文献を紹介しています。ぜひ，自分の興味関心に従って本を読んでみてください。「鉄は熱いうちに打て」です！

　本書の内容を樹木の各部位になぞらえて対応づけたものが図1です。第1章や第2章は心理学の幹にあたる内容になっており，第3章から第11章はそこから育っていった発達や学習に関係したさまざまな枝葉のテーマです。そして，第12章から第15章は教育心理学の木を育てる土壌として，教育を取り巻く諸問題を扱っています。

　この教育心理学という木を，軸となる心理学という幹から育てるも良し，発達や学習といった枝葉から育てるも良し，あなたが経験してきた教育心理学に関わる土壌から育てるも良し，先に述べた3つの特徴を踏まえて，あなたの思うように教育心理学の木を育ててみてください。

表1 「発達と学習」コアカリキュラムと本書の目次の対応表

幼児，児童及び生徒の心身の発達及び学習の過程		本書で対応する章
（1）		幼児，児童及び生徒の心身の発達の過程
1）	幼児，児童及び生徒の心身の発達に対する外的及び内的要因の相互作用	1章～7章・15章
	発達に関する代表的理論	1章～7章
2）	認知発達	3・10章
	言語発達	4章
	社会性の発達	6章
（2）		幼児，児童及び生徒の学習の過程
1）	さまざまな学習の形態や概念及びその過程を説明する代表的理論	5・8・11章
2）	動機づけ	9章
	集団づくり	12章
	学習評価	14章
3）	主体的な学習活動を支える指導	13章・15章

本書で授業を進める教員の方へ

　冒頭にも書いたように，本書は教職課程「幼児，児童及び生徒の心身の発達及び学習の過程」に準拠したテキストです（コアカリキュラムとの対応については表1をご参照ください）。教職課程の学生を対象にした教育心理学を扱うテキストはすでに多く出版されており，その内容はとても豊かなものばかりです。ただし，教職課程の学生に尋ねてみると，授業以外でテキストを開く機会がなかったり，開いたとしても「難しい用語ばかりでよくわからない」といった返答もしばしばみられます。それはひとえに，心理学という敷居が学生の想定よりも高かったり，抽象的な概念や用語の説明も定義的で読みにくかったりすることが関係しているように感じています。

　実際，これらの内容を説明するときに，学生がこれまで経験してきたことと結びつくような事例や具体例を挙げていくと，「心理学ってこんなにも身近なところにあるんだ」「自分の経験に結びつくとイメージしやすかった」といったフィードバックも多く得られます。このような経験から，私自身，「教員の説明がなかったとしても，学生にとって教育心理学で扱う事柄を具体的にイ

メージできるようなテキストが欲しい」と思い，本書につながっていくこととなりました。

　以上より，本書は教員の手を借りなくても，「自分で実感を伴って理解することができる」，つまり「自分で読み進めて自分で理解すること」を大切にしています。そのため，目次は学生の経験に問いかけるような見出しであったり，章の冒頭にはダイアローグで身近なイメージから導入したり，本文でもなるべく平易に，かつ学生の経験に問いかけながら解説をしています。また，どの章にも学生が自身の経験と結びつけながら学習内容を整理するワーク（考えてみよう！）を設けています。講義の小休止も含めながら，ぜひ学生が学習内容を自分と結びつけて考える手立てにしてもらえればと願っています。

　本書の使い方として，1章につき1コマ（90分授業）という対応をとっています。章立てはしていますが，どの章から読んでもその内容が理解できるように努めています。そのため，授業を進めるうえで適宜，順番などは自由に組み替えていただけますと幸いです。

　また，本書を扱う授業は講義科目として扱われると思います。そのため，大まかな進め方としては，①章の前半部の講義，②考えてみよう！，③章の後半部の講義といった順番を想定しています。その過程で，積極的に学生に対して，用語や定義，概念などが具体的にどのような子どもの姿や私たちの経験と結びついているのか，事例として何を挙げることができるのかを問いかけていくことで，学習内容を学生の経験と結びつけることをねらいにしています。

　あるいは，本書のコンセプトとして挙げたように学生自身がテキストを読み込むことを大切にしています。そのため，事前にテキストを各自で読み込んだうえで，授業で課題を提示するような反転授業にも利用することができます。

　最後に，本書の裏テーマとして「もっと学生に本を読んでほしい」という願いをもっています。ぜひ，本書に記載されている参考文献だけでなく，先生が大切と感じられている文献などにもお導きいただき，学生にとって学びが広がることを心より願っています。

編者　三宅 英典

目　次

本書の登場人物

先輩さん

後輩さん

＊先輩さんと後輩さんの対話をきっかけに，読者のあなたも考えてみましょう。

第 1 章

心理学を学べば心が読めるようになる？
——心理学とは——

....

ダイアローグ

後輩さんは，心理学ってどんなイメージ？

 高校生の時の心理テストが浮かびます！　あとは心が読めるとか？

たしかにそんなイメージあるよね！　でもちょっと違うかも。それ
に「心理学＝心理テスト」というわけでもないんだ。

 えっ，違うんですか？　じゃあ心理学って一体何なんですか？

1 教育心理学とは
心理学ってどんな学問なの？

心理学とは

　心理学はギリシア語で心（psyche）と学問（logos）が組み合わさった言葉で
す。つまり「心」を扱う学問といえます。では心理学は心理テストとどのよう
に違うのでしょうか。

　恋愛系の心理テストでは，一見すると恋愛とは関係のないような文章を読み，
それに対して1つの選択肢を選ぶような形をよくみかけますよね。「Aを選ん
だあなたの恋愛関係は○○タイプ！」といった見出しとともに解説がなされて
いきます。しかし，心理学で恋愛関係について調べる場合，心理テストのよう
に1つの選択肢だけで判断することは減多にありません。

心理学で恋愛関係を扱う研究に，青年期の恋愛関係について，「恋」という側面と「愛」という側面を対比させながらとらえたものがあります（高坂・小塩，2015）。たとえば，恋の側面には，相対性と呼ばれる特徴があります。相対性とは多くの異性を比較しながら，自分が魅力を感じる条件を有している異性に対して，特別な感情を向けるといった特徴です。これに対して，愛の側面には絶対性と呼ばれる特徴があります。絶対性とは，他者との比較を超えて，相手の欠点や短所も含めて相手の存在を受容し，認めるといった特徴です。

　恋愛関係が相対性―絶対性のどちらのタイプに寄っているかを調べるときには，ちゃんとそれぞれに関係するような質問文を用意します。この質問文は「相対性が強ければ，このような行動や考え方をするはず」といった想定をしながら作成されます（たとえば「恋人と他の異性を比較すると，他の異性の方がよく見え，がっかりすることがある」というものです）。そして，質問の項目数も1つではなく，相対性に関する質問文を5つ，絶対性に関する質問文を5つ用意して，その回答から回答者の恋愛関係に関わるタイプを判断しています。このような手続きを，相対性―絶対性以外の恋愛関係の特徴でも同様に行いながら，個々の恋愛関係の様相を明らかにしようとしています。

　ここで挙げた相対性―絶対性という恋愛関係の特徴は，外見のように目で見てわかるようなものではありません。心理学では，「こんな能力や心的な過程が目に見えない背後に存在しているならば，このような行動や姿がみられるはず」と考える必要があります。この目には見えないけど，存在していると想定される能力などを**構成概念**と呼びます。構成概念は，心理学において大切なものの1つであり，私たちの行動を説明するために必要な「心」の一部です。

　私たちがよく目にする心理テストの多くは「こんな時にこれを選ぶあなたは○○タイプ」や「○○な人はこんなことをする」といったものです。しかし，心理学は「こんな時どうする」といった特定の場面だけに着目するものではありません。先ほど挙げた恋愛の特徴も，それ単体だけでなく個人の結婚願望や恋愛関係の満足度，自分らしさのとらえ方も関係してくるかもしれません。つまり，「心」について扱うというのは，私たちが思っている以上に，幅広い事

柄に関係しています。この点については
次節でも改めて取り上げていきたいと思
います。

　心理学が心理テストと異なる点として，
心理テストには，テストの作成方法につ
いて不明な点があります。端的に言えば，
「その結果ってどこまで信じられるのだ
ろう？」という問題です。心理学では，
どのように心の働きを調べるのかといっ
た研究方法が，その知見を信頼できるか

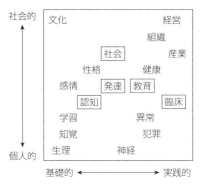

図1-1　**心理学の分野**（市川，2002をもと
に筆者作成）

どうかの大切な指標となります。心理テストでわかることが，どうやって調べ
られたものなのかが不明であったり，信頼に値しない方法によって作られてい
る場合，それらを心理学と呼ぶのは危険かもしれません。[1]

教育心理学とは

　心理学が「心」を扱う学問であるならば，「心」が関係する場面はとても多
岐に渡ります。たとえば，「勉強する気が起きない……」といったことには動
機づけと呼ばれる心の働きや行為が関係しますし，恋愛感情や自分の将来に関
して悩むようなときにも心の働きが関係しています。はたまた幼少期の感性や
物事のとらえ方，歳を重ねることで変化する物事のとらえ方にだって心の働き
は関わっています。このように，私たちのあらゆる行動や文脈には心の働きや
その発達が密接に関わっています。

　そのため，現在の心理学では，焦点を当てる「心」の分野に応じて○○心理
学とジャンル分けがなされています。図1-1は，心理学の分野を整理した図
です。この図の縦軸は，心理学が私たち「個人」の心の働きに焦点を当てたも

---

(1)　心理テストに興味がある人は，こちらの本も読んでみよう！
　　　村上宣寛（2008）『「心理テスト」はウソでした。』講談社。

のか，「社会」として集団の心の働きに焦点を当てたものかによって整理されています。横軸は，私たちが共通の基盤としてもっている「基礎的なもの」なのか，それとも現実場面の問題解決を目指す上で「実践的なもの」なのかといった観点で整理されています。

　教育心理学は，この図の中では真ん中あたりに位置づいています。これは，この分野が，個人だけでなく集団における心の働きにも焦点を当てていることを示しています。また，教育に関わる私たちの心の働き（基礎的なもの）を知る必要もありますし，それを活かした教育問題の解決（実践的なもの）を模索することも含まれています。

　以上をまとめると，教育心理学とは私たちの教育を成り立たせていく上で重要な心の働きに着目したり，教育場面の中で教師や児童生徒がどのように心を働かせているのかという点に着目したりする分野といえます。教育心理学の分野では，たとえば以下のような問いを挙げることができます。

　　・私たちはどうやって新しいことを学んでいるの？
　　・大人と子どもで学べることに違いはあるの？
　　・勉強で困ったとき，どうやって問題を解決しているの？
　　・教師は授業中に何を考えているのだろう？

　前半2つの問いは，教育心理学の「基礎的なもの」に着目したテーマです。学習のメカニズムや学習者の発達段階に着目しています。後半2つの問いは，教育心理学の「実践的なもの」に着目したテーマです。私たちが実際に体験してきた教育のあり方や，教育現場で起こる課題の解決に向けたアプローチを模索しています。

　このように，教育心理学で扱う内容は，教育と密接に結びついた心の働きです。しかし，これらの知見を教育に活かしていくためには，学習者自身が，学んだ内容が教育現場とどのようにつながっているのか，教育課題に向き合うと

きに，これらの知見が役立つかどうかを判断する必要があります。本書を手に取ったあなたには，ぜひ，自身の教育に関わる体験や出来事を思い出しながら，教育心理学の知見をどのように教育現場と結びつけていくかを考えてほしいと願っています。

2 発達とは 発達ってなんだろう？

発達は成長のことじゃない？

ところで，先ほど教育心理学が教育を取り巻く「心」を研究する分野といいましたが，ここには，「学習」というキーワードの他に，「発達」というキーワードも関わってきます。あなたは，「発達」という言葉を聞いて何を思い浮かべるでしょうか？

先ほどの図1-1をもう一度みてください。教育のすぐ近くに発達という文字があります。これは，教育心理学と近い分野に，発達心理学という分野が存在していることを示しています。発達心理学では，発達を「受精から死に至るまでの時間系列にそった心身の系統的な変化」[2]ととらえています。「受精から死に至るまでの時間系列」というのは，私たちの生命としての誕生から死に至るまでの時間の流れを意味しています。そして，「心身の系統的な変化」というのは，ある**一定の順序性**や**規則性**に沿った心身の変化と解釈することができます。これらをまとめると，発達とは，私たちの一生涯にわたって起こる心身の変化のことであり，その変化にはある種の順序や規則が存在していると考えられています。発達心理学は，このようなヒトの一生涯を通してみられる変化に着目する分野です。

---

(2)　発達心理学に興味がある人は，こちらの本も読んでみよう！

坂上裕子・山口智子・林創・中間玲子（2017）『問いからはじめる発達心理学』有斐閣。

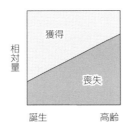

図1-2　　適応能力における獲得と喪失の割合（Baltes, 1987）

図中ラベル：獲得、相対量、喪失、誕生、高齢

図は，理論上期待される獲得と喪失の比率の平均的な過程を示したもの。

　また，発達という言葉は「できるようになる変化」だけではなく，「できなくなる変化（たとえば歳を重ねることでみられる老化）」も含んでいます。発達には，成長（獲得）だけでなく衰退（喪失）といった側面の変化も存在し，私たちの心の変化にもこれらが相互作用していると考えられています（図1-2）。たとえば，赤ちゃんの時には母語の聞き取りに敏感になっていきますが，その一方で，母語に関係のない発話の区別は困難になります（詳細は第4章を参照）。

どうして教育心理学に発達が関係するの？

　発達心理学という分野があるにもかかわらず，どうして教育心理学でも発達を取り上げる必要があるのでしょうか？　その答えは，学習や教育に関わる「心」の働きは，発達を抜きにして考えることができないからです。

　たとえば，小学校1年生では足し算や引き算を学びますが，いきなり中学生で習うような一次関数（$y=ax+b$）を学ぶことはありません。ひらがなの読み書きを学んでいない幼児に対して，小説のような長い文章の読解を求めることはありません。つまり，何かを学んだり教えたりするためには，学習者自身の発達年齢に応じた状態（発達段階）を考慮する必要があるのです。

　図1-3は，スキャモンの発育曲線と呼ばれるグラフで，私たちの身体が20歳までの間にどのぐらい発育しているのかを示したものです。一言で身体と言っても，詳しくみれば身長や体重，筋肉や骨格（一般型），脳や脊髄などの神経系（神経型），卵巣や睾丸，前立腺などの生殖器（生殖型），扁桃腺や胸腺などのリンパ組織（リンパ型）のように分けられています。出生時と比較して20歳時

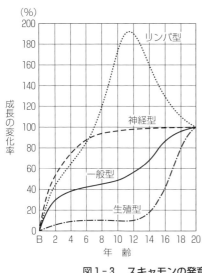

リンパ型：胸腺などのリンパ組織の発達

神経型：脳や脊髄などの神経系の発達

一般型：身長や体重，筋肉・骨格などの
　　　　器官の発達

生殖型：生殖器，前立腺，乳頭，喉頭な
　　　　どの生殖系の発達

図 1-3　スキャモンの発育曲線（Scammon, 1930）

点での増加分を100％とした場合，そこに至るまでの成長の変化率も単純な右肩上がりではないことがわかります。特に，生殖型の急激な変化は，男の子は男性らしく，女の子は女性らしく身体が変化していくことを指しており，この時期は思春期と呼ばれています。

　このような思春期の身体的な発達もまた，私たちの心に影響を与えています。たとえば，中学生を対象に，思春期にみられる生殖器系の発達と心理的な適応感の関連を調べたところ，男女ともに身体的発達の程度が抑うつ傾向や不安感と関係していることがわかっています（向井，2010）。また，抑うつ傾向は早熟な女子と晩熟の男子で特に高いこともわかっています（心理的な適応感については，第15章を参照）。このように，身体の発達的変化もまた，私たちの心の発達に大きな影響を与えています。[3]

　私たちは皆，生まれてから今日にいたるまで多様な発達を遂げており，これ

---

(3)　身体の発達と心の関係に興味のある人は，こちらの本も読んでみよう！
　　ウィンストン, R.／林啓恵・蒋田和子訳（2019）『思春期の心とからだ図鑑』三省堂。

からも発達していきます。そのため，学習や教育を念頭に置いて発達のことを考えはじめると，さまざまな疑問（問い）が生まれてきます。たとえば，子どもと大人で学習のメカニズムは本当に共通なのでしょうか。何が一緒で何が違うのでしょうか。あるいは，教育の機会を得られないまま発達するとどうなってしまうのでしょうか。小学生の低学年と高学年では，教師の教え方に違いはあるのでしょうか。あるとするならば，どういった点に気をつける必要があるのでしょうか。このように教育心理学は教育という観点から私たちの学習について考えていきますが，その際には，私たち一人ひとりの発達を踏まえた理解が必要なのです。

考えてみよう！ ....

① 心理学は何を明らかにする学問といえるでしょうか？ あなたなりの言葉で説明してみよう！ また，教育心理学はどうだろうか？

 ② 今まで経験してきた教育では，どんな時期に何を学んできただろう？ また学校以外で学んできたことって何があるだろう？

③ 教育心理学では学習や教育についてどのように調べていると思いますか？ たとえば，「教え方」が上手かどうかを明らかにするには，どうやって調べるといいだろう？

3 教育心理学の研究方法
教育心理学ってどうやって調べているの？

　教育心理学に関わる研究方法には，大きく分けて4つの研究方法[4]（**観察法，**

---

(4) 心理学の研究方法に興味のある人は，こちらの本も読んでみよう！
　　下山晴彦・佐藤隆夫・本郷一夫監修（2020）『心理学研究法』ミネルヴァ書房。

実験法，質問紙法，面接法）があります。次へ読み進める前に，それぞれが何を対象にどうやって行う方法なのかを予想してみましょう。

観 察 法

観察法とは，人間や動物の行動を自然な状況や実験的な状況のもとで観察，記録，分析し，行動の質的・量的特徴や行動の法則性を解明する方法です（中澤ほか，2010）。

たとえば，近年では，公園や園庭の遊具が見直されてきています。なぜならこれらによって重篤な怪我を引き起こす可能性があると考えられたからです。ですが，具体的にはどのような怪我の危険性があるといえるでしょうか。遊び方や年齢，遊具の特徴によっても異なるはずです。また，子どもたちはリスクのある遊具での遊びを通して学んでいることもあるのではないでしょうか。観察法を利用する場合，このような遊具のリスクや子どもの学びを明らかにするために，実際に子どもたちが遊具で遊ぶ様子を観察，記録し，記録をもとに分析を行います。

観察法には，大きく分けて，自然観察法と実験観察法の 2 種類があります。**自然観察法**は，観察者が子どもの生活状況に対して何らかの手を加えることなく，そこで自然にみられる行動をありのままに把握しようとする方法です。遊具の例で考えると，観察者が子どもに対して「あれをして」「これをして」といった関わりをせずに，ありのままに遊ぶ様子を記録するイメージです。

これに対して，**実験観察法**は，ある特定の行動が起きやすい状況や環境を観察者があらかじめ設定して，そのなかでその行動を把握しようとする方法です。たとえば，遊具でもブランコを使った遊び方に注目したい場合，子どもの遊び場にブランコだけがあるような状況を設定したり，「ブランコで遊んでみて」といった指示を行ったりして，ブランコを使った遊びが起こりやすい状況を作り出して観察するイメージです。

このほかにも，観察者がどのような立ち位置で観察を行うのかという視点でも観察法を分類することができます。たとえば，観察者自身も鬼ごっこに加わ

りながらその様子を観察するといった観察対象の一員として参加しながら観察を行う方法を**参加観察法**と呼びます。反対に，観察者が観察対象に意識されないように距離をとったり，なるべく関わりをもたないように観察するような方法を**非参加観察法**と呼びます。

実 験 法

　実験法とは，研究者が決められた条件のもとで変数の操作を行い，その操作の影響の違いを比較検討する手続きのことを指します。**変数**とは，研究者によって変化させることができるものを意味しています。実験法も研究対象とする行動を観察・記録・分析していく方法ではありますが，観察法との違いは，観察対象を取り巻く状況を厳密にコントロールした上で**変数の操作**を行う点にあります。つまり，実験法は，実験室のように周囲の状況や環境をコントロールすることのできる場面を作り出し，そのような状況の中で観察したい行動やそれに影響を及ぼす条件について検討する方法といえます。

　たとえば，授業のデザインの仕方が，児童生徒の授業態度にどのように影響しているかを調べるような研究が挙げられます（水口・湯澤，2020）。ここでは，中学生の授業態度を観察するのですが，教師には通常の授業とは別に，先行学習[5]と呼ばれる授業デザインを取り入れた授業を行ってもらいました。その結果，授業内容をその場で覚えたり活用したりすることが苦手な生徒は，先行学習を取り入れた授業デザインの方が，積極的に授業へ参加していることが分かりました。

　この実験では，中学生の授業態度に焦点を当てていますが，授業デザインという変数を操作することで，この授業態度が通常授業と比べてどのように変化しているかを検討しています。ここで，変数の操作をした条件は**実験条件**と呼び，変数の操作をしていない条件を**統制条件**と呼びます。このように，実験法

---

(5) ここでは，その授業で学習することを予習の段階で提示したり，授業中に理解度を自己評価するような機会を取り入れた授業のことを指します。

では観察対象の行動に関わる変数を操作することで統制条件と実験条件という2つの水準を設定します。そして、2つの条件で見られる行動を比較することで、その変数がどのような影響を与えているかを検討しています。

質問紙法

　質問紙法とは、質問紙などを使って調査協力者に自らの心理状態などを回答してもらう方法です。現在では、紙媒体だけでなくインターネットなどの電子媒体上で回答を求める方法も普及しています。

　たとえば、大学生に対して自分自身をどの程度、開示することができるかということを尋ね、その程度が友達に対して抱く印象とどのように関係しているかを調べた研究があります（曽我部・小関，2015）。ここでは、特に親しい友人を思い浮かばせて、「その友人に対してどのくらい詳しく話すか」といった質問項目に1～7段階（何も話さないなら1、十分に詳しく話すなら7）で回答を求めています。

　質問紙法の長所は、大人数の調査に向いていることです。観察法や実験法は、自分が観察可能な範囲に限定されるため、対象者の人数にはどうしても限りが出てきます（たとえば、所要時間10分の実験を30人にする場合、5時間以上はかかります）。一方で、質問紙法は、100人単位の人数であったとしても、ひとつの教室に協力者を集めて同時に調査を行うことも可能であり、大人数のデータを比較的短時間で収集することができます。

　質問紙法の短所は、言語を介して人の行動や心理的な要因にアプローチをするため、赤ちゃんや幼児のように言語能力が十分に育っていない場合や、質問紙に使う言語を知らない人の場合、回答することができません。また、調査者が質問項目に設定したことだけを収集するため、無意識的な行動や態度といった回答しにくいようなことを見る場合には不向きです。

面 接 法

　面接法とは、ある目的を達成するために、面接者と被面接者が情報や考え、

態度などのやりとりを行う方法です。面接法は，観察法・実験法・質問紙法と同様に，仮説の生成や検証を目的とした**調査的面接**と，被面接者に対する何らかの診断や，カウンセリングのような治療を目的とした**臨床的面接**が挙げられます。

　面接の仕方については，大きく分類すると3つの形態があります。ひとつ目は**構造化面接**と呼ばれ，質問の順序や内容，言葉づかいを事前に決めて行う面接です。2つ目は**非構造化面接**と呼ばれ，面接に関する決まりはなく，面接者が被面接者に合わせて柔軟に質問する面接です。そして最後の形態は，半構造化面接とよばれるものです。**半構造化面接**は，構造化面接のようにある程度決まった質問内容はあるものの，被面接者に応じて，質問内容や順序，質問の表現などを臨機応変に変えることのできる面接です。

　面接法に限った話ではありませんが，調査者の目的に応じて適切な面接形態をとることが重要です。また，面接法（や質問紙法）は，調査者の聞き方によって引き出される回答が大きく変化します。そのため，質問に対する答えを誘導することなく，適切な質問をすることができるよう，調査者は十分に訓練をする必要があります。

集めたデータをどうやって活用するの？

　このように，教育心理学にはさまざまな研究方法が存在していますが，すべてにおいて大切なことは，何を明らかにしたいのか，そのためにはどの方法で調べることが適切なのかをしっかりと検討することです。たとえば，児童生徒の授業態度について知りたい場合，教壇に立ったことのない人が調査者であれば，子どもの姿は分からないことだらけです。そういった時には，まずは実態を掴むための観察法が適切といえるでしょう。仮に質問紙法や面接法で「あなたの授業態度はどうですか？」と聞いても，聞かれた側は返答が難しいかもしれません。

　また，目的に合わせて適切な研究方法を選ぶだけでなく，収集したデータをどのように分析していくのかという点も重要です。教育心理学では，しばしば

心理統計という手法を使って収集したデータの分析を行います。心理統計の分析過程には大きく2つの段階があります。

　ひとつ目の段階は，実際に観察した行動や回答，言動などを数に置き換える数量化と呼ばれる段階です。たとえば，学力で考えてみると，私たちはこれまで数多くのテストを受けてきました。このテストも正解を選べば1点，間違いを選べば0点といった形で，私たちの学力を数に置き換えています。

　2つ目の段階は，数量化したデータを統計学的に処理する段階です。たとえば，引き続き学力で考えてみると，平均点や偏差値を算出することで，自分がクラスメイトや全国の学生と比べてどのくらいの位置にいるのかを推定することが可能になります。ほかにも，「Aクラスの学力はBクラスよりも高い（あるいは低い）」といったことを確かめるための検定（差の検定）を行ったり，「頭の良さって，どういった要素（構成概念）で構成されているのか」を調べる因子分析もあります。

　このように教育心理学で何かを調べるためには，知りたいことを適切に知ることができる研究方法を選ぶだけでなく，集めたデータを適切に分析することも大切です。みなさんもアンケートなど，数値が出てくるデータを目にした時には，それらがどうやって集められたのか，どのように集計されているのかに注目してみるといいでしょう。[6]

引用文献

Baltes, P. B. (1987) Theoretical propositions of life-span developmental psychology: On the dynamics between growth and decline. *Developmental Psychology*, **23**, 611-626.

市川伸一（2002）『心理学って何だろう』北大路書房。

高坂康雅・小塩真司（2015）「恋愛様相尺度の作成と信頼性・妥当性の検討」『発達心理学研究』**26**, 225-236。

水口啓吾・湯澤正道（2020）「授業デザインがワーキングメモリの小さい生徒の授業態度に及

---

(6)　心理統計に興味のある人は，こちらも読んでみよう！

　　山田剛史・村井潤一郎（2004）『よくわかる心理統計』ミネルヴァ書房。

COLUMN 1 心理学はもともと哲学だった!?

後輩さん，心理学って，実は哲学から生まれた学問なんだ。そして，心理学という学問が成立したのは19世紀…つまり100年ちょっと前なんだ。

 ええ！ そうなんですか!? じゃあ，心理学って昔は存在していなかったんですか？

　心理学が学問として成立したのは，**ヴント**（Wundt, W., 1832～1920年）がドイツのライプツィヒ大学に初めて公式の心理学実験室を創設した1879年といわれています。しかし，それよりも以前に心理学に関わる学問が存在していなかったわけではありません。

　心理学はもともと哲学から生まれた学問で，ヒトの心についての関心は，紀元前の古代ギリシャ時代から存在していました。当時はプラトンやアリストテレスらによって，私たちの魂と肉体が切り離せない関係なのか，それとも分けて考えることのできる関係にあるのかが議論されており，前者の考え方を**一元論**，後者の考え方を**二元論**と呼びます。

　やがて，18世紀の哲学に，19世紀の医学と生物学の考え方が加わる形で実験心理学が登場し，近代心理学の原型になりました。このことを象徴する言葉として，**エビングハウス**（Ebbinghaus, H., 1850～1909年）は「心理学の過去は長いが，歴史は短い」と述べています。

ぼす影響——先行学習を取り入れた授業に焦点を当てて」『発達心理学研究』**31**, 67-79。

向井隆代（2010）「思春期の身体的発達と心理的適応——発達段階および発達タイミングとの関連」『カウンセリング研究』**43**, 32-41。

中澤潤・大野木裕明・南博文編（2010）『心理学マニュアル　観察法』北大路書房。

Scammon, R. E. (1930) The measurement of the body in childhood. In J. A. Harris, C. M. Jackson, D. G. Paterson, & R. E. Scammon (Eds.), *The measurement of man*, Minneapolis, University of Minnesota Press.

曽我部祐介・小関俊佑（2015）「大学生の友人における自己開示と友人に抱く印象との関連

──自己開示の深さ，友人との親しさ，主観的類似度，信頼感，好意に着目して」『ストレ
ス科学研究』**30**, 77-82。

「心理学の成り立ち」を広く学びたい方はこちら！

古見文一・小山内秀和・樋口洋子・津田裕之編（2019）『はじめての心理学概論』ナカニシヤ
出版。

　はじめて心理学を学ぶ人のために，基礎的な内容がコンパクトにまとめられたテキスト。認
　知心理学，学習心理学，発達心理学など，各章のテーマを解説する「基礎」＋「心理学ニ
　ュース」で最新の知見も紹介しています。

川畑直人・大島剛・郷式徹監修／加藤弘通・川田学編著（2020）『心理学概論』ミネルヴァ書
房。

　心理学が扱うさまざまな分野についてまとめられています。前半では，私たちのヒトの心理
　的な特徴について分野ごとに分けて解説し，後半では私たちの生活場面に結びつけたテーマ
　で心理学についての事柄を扱っています。

サトウタツヤ・高砂美樹（2003）『流れを読む心理学史』有斐閣アルマ。

　心理学という学問が，哲学の時代から現代までどのように発展していったのかが解説されて
　います。また日本国内で心理学がどのように発展していったのかという点についてもまとめ
　られており，心理学史に興味のある方にはオススメの1冊です。

第2章
生まれと育ち，どちらが大事なの？
—— 発達の基礎 ——

ダイアローグ

後輩さんは，子どもの頃から今まで自分が発達してきたと思う？

 発達しているつもりではありますね。

具体的にはどのへんが発達したと思う？

 自分で判断して行動したり，友達と協力して活動できるようになったなと思います。

そういった後輩さんの発達した部分って何によって引き起こされたんだと思う？

 教育の影響な気もするけど，もって生まれたものもあるのかな。

実は発達心理学でも，発達に影響をあたえるのが，生まれなのか環境なのかっていうことはずっと論争されてきたんですよね。

1 遺伝か環境か
生まれもった才能ってあるの？

　これまで発達心理学でも，人間の発達を生じさせる原因とは何なのかということについて考えることは大きなテーマでした。発達の要因を考えるとき，かつては大きく2つの立場に分かれていました。ひとつは遺伝的な成熟重視の立場で，もうひとつは環境重視の立場です。この節では，それぞれの立場でどの

ようなことが主張されてきたか見ていきます。

成熟重視の立場

　成熟重視の立場は遺伝子の中にあらかじめ発達のプログラムが存在していると考え，時間に伴って，遺伝子に内在しているプログラムが順に起動することを発達ととらえています。したがって，成熟重視の立場では，発達の原因は自分の中にあるとされ，環境による影響は小さいと考えていました。古典的な成熟重視の立場での代表的な研究者は，アメリカの心理学者，ゲゼル（Gesell, A.）です。ゲゼルは発達において訓練や学習で一時的に環境的な影響があったとしても，最終的には内的な成熟によって発達の状態は決まっていくため，心身両面での発達は，遺伝的に規定されたものが年齢に応じて展開されてくると考えていました。

　当時の**成熟説**を支持する根拠のひとつとして，遺伝子が全く同じである一卵性の双子を対象としたゲゼルの階段のぼりの訓練実験があります（Gesell & Thompson, 1929）。この実験では，双子の乳児の一方には生後46週目から 6 週間階段のぼりの訓練を行い，もう一方には生後53週目から 2 週間階段のぼりの訓練を行いました。生後46週目から 6 週間階段のぼりの訓練を行うことで，同時期に訓練を開始しなかった乳児よりも速く階段をのぼれるようになっていました。しかし，生後53週目から訓練を始めたもう一方の乳児は 2 週間の訓練で，先に訓練をはじめた乳児よりも速く階段をのぼれるようになりました。もし階段のぼりの訓練のみで階段のぼりの速さが説明されるのであれば，どの時期に訓練を実施したとしても，階段を速くのぼれるようになるためには，同じだけの日数がかかるはずです。しかしながら，結果は，後から訓練を始めた乳児のほうが，短い日数で速く階段をのぼれるようになっているため，遺伝的な成熟が訓練の効果を左右するとゲゼルは解釈していました。言いかえると，新たな行動獲得を介入によって促すためには，それを受け入れるための成熟による**学習の準備性**（レディネス）が整う必要があるといえます。

環境重視の立場

　次に，環境重視の立場を見ていきます。環境重視の考え方を端的に表しているのが，生まれたての子どもは何も書き込まれていない，白紙であるという考え方です。これはイギリス経験論の代表的な哲学者である，ロック（Locke, J.）によって提起されました。白紙には，はじめ何も書かれていませんが，経験を積むことによって，いろいろなものが書き加えられていき，内容が豊かになっていきます。人間も，何もない状態から出発し，周囲の環境に影響されて変化していくといった考え方です。したがって，環境重視の立場では，発達の原因は環境の中にあるとされ，遺伝的な成熟による影響は小さいと考えていました。

　古典的な環境重視の立場で代表的な研究者の一人が，アメリカの心理学者，ワトソン（Watson, J. B.）です。20世紀初頭，心理学では，**行動主義**が隆盛を極めました。その行動主義の創始者が，ワトソンです。行動主義では，行動から切り離された精神活動というものを想定せず，精神活動を行動に還元できるものとしてとらえ，外界からの介入でその行動を制御できると考えていました。では，どのように外界からの介入で行動を制御できると考えていたのでしょう。

　ワトソンの実施した実験に，アルバート坊やの実験があります（Watson & Rayner, 1920）。まず，乳児のアルバートに対してシロネズミを見せます。赤ちゃんは，動いているものに興味を示しがちです。アルバートも手を伸ばしてシロネズミを触ろうとしました。しかし，ネズミに触ろうとしたときに，アルバートの背後で大きな音が鳴り響きます。ほとんどの赤ちゃんは大きな音が嫌いで，恐怖を感じます。そして，このネズミを見せて大きな音を聞かせるといったパターンを何度も繰り返します。すると，途中から，シロネズミを見ただけで，アルバートは逃げ出そうとします。アルバートは，シロネズミを見たら，大きな音が鳴ることを学習して，それを回避しようとしたわけです。しかも，この学習の効果は，シロネズミだけでなく，ウサギや，ヒゲがついているサンタクロースのお面を見た際にも現れました。

　現代からみれば，この実験には倫理的・方法論的に問題がありますが，当時[1]

のワトソンは，このような実験からヒトはシロネズミと大きな音といった刺激間の関係を学習することで，恐怖のような情動反応も新たに獲得できると考えました。言いかえれば，ヒトに対して外界からの刺激の組み合わせを変えて提示し，学習させることで，その人の行動を制御できると考えたわけです（このような学習の詳細は第 8 章を参照）。

2　遺伝と環境の相互作用

遺伝か環境かの議論を超えて

　成熟重視の考え方と環境重視の考え方を見てきましたが，発達について遺伝的な成熟だけで説明できる範囲も，環境からの経験だけで説明できる範囲も限られているため，現在では，遺伝的な成熟あるいは環境からの経験のどちらか一方の極端な立場で発達を考えることはほとんどありません。発達には，遺伝子の特性が次第に発現する成熟の側面と，経験によって能力や行動が変化する学習の側面があり，遺伝と環境の相互作用によって，ヒトは発達していくと考えられています。ただし，遺伝と環境の相互作用といっても，その中には複数の内容が含まれます。ここでは，**輻輳説**，**環境閾値説**，**遺伝と環境が不可分な相互作用説**についてみていきます。

輻 輳 説

　輻輳説を提唱したのは，シュテルン（Stern, W.）です。シュテルンは，遺伝要因と環境要因が独立な要因として寄り集まり，加算的に作用して発達を規定すると考えました。ルクセンブルガー（Luxenburger, H.）は，精神病の分野においても，遺伝と環境の関係は分離したものではなく，相互依存的な両極性（Polarität）の性質をもつことを主張しました。ルクセンブルガーの両極性の考

---

(1)　問題点のより詳細な説明は，下記の書籍の第 8 章を参照してください。
　　鈴木光太郎（2015）『増補　オオカミ少女はいなかった——スキャンダラスな心理学』筑摩書房。

え方を発達全体に拡張したのが高木（1950）であり，図2-1は高木によって拡張された両極性の模式図です。図式上で示されているＸは，遺伝要因Ｅと，環境要因Ｕが，足し算されたものとして表されています。Ｘの位置が左寄りであれば遺伝要因の影響が強いことを，右寄りであれば環境要因の影響が強いことを示しています。高木（1950）は，早く発達する能力や特性はより遺伝的な影響が強く，ゆっくり発達するものは環境的な影響が強いと考えていたようです。

　遺伝と環境の具体的な寄与率については，双生児研究で明らかにされてきています。特に知能については，アメリカ，オランダ，イギリス，オーストラリアの１万組を超す双生児を対象としたメタ分析（Haworth et al., 2010）で，遺伝と環境の寄与率が算出されています（図2-2）[(2)]。ここでいう遺伝と環境の寄与率とは，知能の個人差に対して遺伝子の個人差で説明できる割合と環境（共有環境＋非共有環境）の個人差で説明できる割合のことをいいます。共有環境は双子が一緒に育った環境（家庭など）を指し，非共有環境は双子が別々に育った環境（学校で異なるクラスになった場合など）を指しています。

　発達の時期によって，知能への遺伝と環境の寄与率は変化しています。児童期（平均9歳；範囲4〜10歳）では，環境の寄与率（図2-2の共有環境＋非共有環境）が大きいので，家庭環境や学校環境の個人差が知能に影響しているのでしょう。一方，青年期（平均12歳；範囲11〜13歳）で知能に対する遺伝と環境の寄与率は逆転し，成人期（平均17歳；範囲14〜34歳）で，遺伝子の寄与率がさらに増加しています。人は成長するにつれて，自分の遺伝的傾向

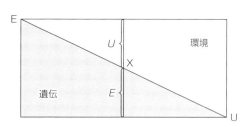

図2-1　高木（1950）による両極性の図式
（岡田，1954をもとに筆者作成）

---

(2)　寄与率の算出方法と結果の解釈の注意点については，下記の書籍の第3章を参照してください。安藤寿康（2021）『ふたご研究シリーズ　第1巻　認知能力と学習』創元社。

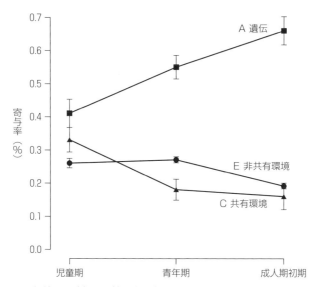

図 2 - 2　知能への遺伝と環境の寄与率 (Haworth et al., 2010をもとに筆者作成)

に基づいて自分の経験を選択，修正し，さらには創造するようになり，自分の遺伝的特性を際立たせる環境を自ら作り出そうとするため，遺伝の寄与率が高まると解釈されています (Haworth et al., 2010)。

環境閾値説

　環境閾値説は，ジェンセン (Jensen, A. R.)[3] によって提唱されました。ジェンセンは，遺伝的な特性が発現するために必要な環境の量や質は特性ごとに異なり，それぞれの特性は一定水準の環境条件が整っていれば現れ，整っていなければ現れないと考えました。

　図 2 - 3 は東 (1969) によってわかりやすく模式化された環境閾値説の図です。この図の特性Aには身長や発話が該当し，それらは環境条件が悪くても顕

⑶　ジェンセンの研究への批判は，下記の書籍の第 8 章を参照してください。スタンレー，A. M.・クイン，P. C.／加藤弘通・川田学・伊藤崇訳 (2017)『発達心理学・再入門』新曜社。

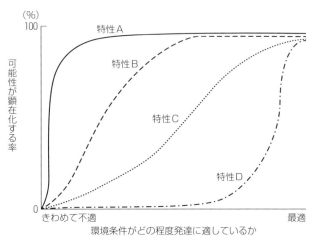

図2-3　ジェンセンの環境閾値説 (東, 1969をもとに筆者作成)

在化すると考えられています。一方，特性Dには，たとえば，絶対音感などが
該当します。絶対音感などの特性は，特殊な教育や訓練などの環境条件が整わ
ないと顕在化しないためです（特性Bは知能テストの成績，特性Cは学業成績が該
当すると想定されています）。環境閾値説での遺伝と環境の関係は単純な加算的
な関係ではなく，環境は遺伝的特性が顕在化するための条件ととらえることが
できるでしょう。

遺伝と環境が不可分な相互作用説

　最後に，遺伝と環境が不可分な相互作用説を見ていきます。上記で，輻輳説
と環境閾値説を相互作用説として説明してきました。この2つの説には遺伝と
環境しか出てきていませんが，では，遺伝と環境だけで相互作用を説明しきれ
るのでしょうか。ある遺伝的な能力が適切な環境下に置かれれば，自動的に両
者が相互作用して，発達的変化がもたらされるわけではありません。遺伝と環
境を結びつけるピースが必要です。このピースが何なのか，以下では，フラン
ス語圏出身のピアジェ（Piaget, J.）の発達理論を手がかりにして見ていきます。
　ピアジェはヒトを能動的かつ活動的な存在としてとらえており，自ら世界を

探索し，知識を構築し，試行錯誤しながら環境に適応しようとすると考えていました。そして，相互作用の過程をつぶさに観察・調査し，子どもがどのようにして物事を理解しようとするのかを明らかにしていきました。

　たとえば，乳児にゴムボールを手渡すと，乳児はゴムボールをぎゅっと握って感触を確かめたり，ボールを握ったまま，手を回転させ色々な角度から凝視したり，ボールを上から落として，弾むボールの動きを楽しみます。握ったり，回したり，落としたりといった行為を通して，ゴムボールについて理解を深めていきます。ボールを握ったり，回転させたり，落としたり，つまり，乳児は「**行為**」を通じて目の前の対象を知ろうとしています。この環境に働きかける子ども自身の「行為」こそが遺伝と環境を結びつけるピースなのです。

　ヒトは，どの社会に生まれ落ちるのか，事前に知ることはできないため，その社会に適応するための知識を，生まれる前から完全に揃えることはできません。また，誰かに教えられたことを，そのままコピーして記憶しているわけでもありません。教えられる場合であっても，そのなかで何に注目するのか，何を見出すのかは，個人のそのときの発達の状態や，試行錯誤の仕方によって異なります。そして，ピアジェは，この行為の質が，発達の時期によって，大きく転換することも明らかにしています。

　もともと，第三者にも観察可能であった行為は，次第に外部の手がかりを，必要としなくなり，内部で自律的に組織化され，**操作**と呼ばれる，内的な行為へと発達していきます。前のゴムボールの例でいうと，実際に手でボールを握ったり，落としたり，握ったボールを回したりしなくても，心のなかで，それらをイメージして，同様のことができるようになっていきます。行為が操作へ内化されると，操作によって環境との相互作用が行われるようになります。

考えてみよう！

① 発達を遺伝にだけ帰することでうまれた差別の歴史を調べてみよう。

3 身体・運動も心の発達と関連しているの？

身体性

ピアジェの理論に基づけば，外界との相互作用において重要となるのは，行為でした。行為は身体を操ることであり，ヒトの発達には，身体や運動も重要な意味をもつことになります。そして，身体を含んだ発達論が**神経構成主義**の考え方（Westermann et al., 2007）です。

身 体 性

神経構成主義では，発達を，生物に内在あるいは外在する複数の相互に作用する**制約**によって形作られる**軌跡**（a trajectory）としてとらえています。制約として含まれるものは，遺伝子や個々の細胞から，その人を取りまく物理的・社会的環境まで，複数のレベルにおよび，遺伝子—細胞—神経系—身体—環境をひとつのシステムとしてとらえます。

図2-4は神経構成主義の概略図です。それぞれの要素がどのように相互に制約し，変化を誘発しているのかが示されていますが，本項では，身体の部分に焦点を当てて，その内容を紹介していきます。[4]

神経構成主義では，身体は，遺伝子・細胞・神経系と環境を規定する要素として位置づけられており，身体による制約を**身体性**（embodiment）といいます。身体は外的な存在として物理的・社会的な環境中に組み込まれているだけでなく，身体イメージや身体図式といった形で私たちの内側にも存在しています。この私たちの内側にも外側にも存在する身体は，環境からの情報に対するフィ

---

[4] 身体以外の制約に関する説明は，下記の書籍の第2章を参照してください。ハリス，M.・ウェスターマン，G.／小山正・松下淑訳（2019）『発達心理学ガイドブック』明石書店。

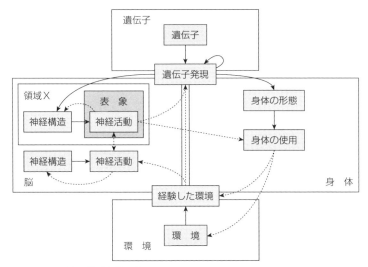

図2-4　神経構成主義の枠組み（Westermann et al., 2007をもとに筆者作成）
注：実線は制約関係を，破線は変化の誘発を示す。

ルターの役割を果たすとともに，環境に働きかけることで，新しい感覚入力や経験を生み出す手段としても機能しています。子どもは情報を受動的に吸収するのではなく，身体を使って環境に関わることで，学ぶべき経験を生成しているのです。この考え方は，前述した，行為を用いて環境と相互作用することで発達するととらえていたピアジェの考え方と共通しています。

運動能力の発達

　身体を使って環境に関わるということは，身体を動かす運動能力の発達も心理的な発達とは切り離せないことを意味しています。そこで，本項では，運動能力の発達について**粗大運動**と**微細運動**に分けて整理していきます。

　粗大運動には，歩く，走る，跳ぶといった運動が含まれますが，乳児期にはそれらの土台となる姿勢制御と移動運動が発達します。約4か月ごろから首の動きが安定すると頭の動きも制御でき，約5か月ごろから自身の両手や他者からの支えがあれば座れるようになり，背筋を伸ばして一人座りができるように

なるのは約8か月ごろです。姿勢制御が確立すると，その制御が下半身にも広がることで，約10か月ごろからつかまり立ちができるようになり，14〜15か月ごろには一人で歩きはじめます。2歳では，その場でジャンプしたり，1秒程度の片足立ちができるようになり，3歳になると，立つ，走るなどの基本的な動作はほぼ完成し，4歳ごろには片足ケンケンなど，難易度の高い運動もこなせるようになります。幼児期には運動パターンのバリエーションも増加し，跳ぶや押す，回すといった**基礎的運動パターン**はすべて6，7歳ごろまでに習得されることが知られており，運動パターンのレパートリーについては幼児と成人に差がありません（杉原ほか，2011）。

　青年期には姿勢の制御がより精緻になります。姿勢の制御は，視覚，前庭感覚，筋や腱，関節から得られた**体性感覚**の情報が統合されることで，安定した姿勢が可能になります。学童期から青年前期頃までは主に視覚で姿勢が制御されていますが，成人に近づくにつれ，体性感覚優位の制御に移行していきます（Ferber-Viart et al., 2007）。また，学童期には性差が見られなかった筋力や瞬発力については，思春期の性腺刺激ホルモンの増加によって引き起こされる第2次性徴をきっかけに，性差が見られるようになります。

　微細運動の代表的なものは手指を使った運動です。われわれには原始反射のひとつとして，手のひらに指などをおくと，その指を握ろうとする把握反射が備わっています。この把握反射は，一定期間を経て消失し，代わって視覚による手指の制御が始まりますが，視覚によって制御された把握運動は3つのレベルを経て巧みになっていきます。肘や手首を固定したまま肩を中心にして動かし，物を取ろうとする段階から，肘を伸ばして物をつかもうとする段階を経て，最後に手首を柔軟に使えるようになります。7か月ごろからは各手指を用いての**精密把握**動作が出現し，10か月を過ぎたころには小さい物体に対して二指でつまむことができるようになり，その精度は5歳までに急速に発達します（ケイス‐スミス＆ペホスキー，1997）。5歳児から11歳児を対象として拇指とほかの指を順にくっつける拇指対立運動の発達的変化を検討した研究（Denckla, 1973, 1974）では，5歳から7歳にかけて成績は向上しますが，9歳，10歳と11歳に

は差がなくなることを示しています。したがって，5 歳以降はそれまでのように急速な発達はみられなくなりますが，8 歳ごろまで徐々に発達し続け，9 歳以降は成人とほとんど差がなくなっていきます。

運動能力と数量能力の関係

　身体や運動能力と他の能力の関係については，さまざまな研究が行われてきていますが，ここでは数量発達と手指の関係に焦点を当ててみていきます。(5)多くの人が手指で数をかぞえたり，数の大きさを表す際に手指で表したりしたことがあるのではないでしょうか。幼児期には，特に**手指の器用さ**が，ものを数えるカウンティングや計算能力と強く関係していることがわかっています（Asakawa et al., 2019; Fischer et al., 2018）。正確に手指が動かせることによって，カウンティングの際に間違いが起きにくくなり，カウンティングの概念の理解が促進され，計算も正確になると考えられています。

　手指の運動と数量能力の関係は幼児期にとどまりません。手指の運動をしながら計算を行う二重課題パラダイムを用いた研究では，児童期および成人期においても手指の運動と数量処理に関連があることが示されています。たとえば，成人を対象とした研究（Michaux et al., 2013）では，足し算や引き算を行う際に，同時に手指の運動を行うと計算問題を解答する時間が長くなるのに対して，掛け算を解きながら手指の運動を行う場合には，行わない場合に比べて解答時間は長くなりませんでした。足し算や引き算を学習する際には手指を使用しても，掛け算を学習するときには，多くの人が手指を使わず，九九を覚える形で学習していると思います。つまり，これらの結果は，幼少期の身体や運動を伴う学習の経験が認知プロセスの基盤になっていることを示唆しています。身体や運動発達がごく一部の時期にだけ発達に関係するわけではなく，遺伝と環境の相互作用の中で常にひとつの制約として働いていると考えられるでしょう。

---

(5)　他の能力と身体・運動の関係については，下記の書籍を参照してください。フィンチャー - キーファー，R.／望月正哉・井関龍太・川崎惠理子訳（2021）『知識は身体からできている——身体化された認知の心理学』新曜社。

COLUMN 2　生涯発達心理学という考え方

 遺伝と環境の相互作用によってヒトが発達するということは，
亡くなるまでずっとヒトは発達するということですか？

後輩さんの言うとおり，ヒトは亡くなるまで発達し続けるよ。
この点は「生涯発達」という言葉で特に強調されてるよ。

　生涯発達とは，単純に受精から，死までの変化という意味だけではありません。
バルテス（1993）は，これまでの発達研究を踏まえ，発達には，さまざまな径路が
あること，いつの時期も大きく変化する可能性があること，獲得や成長といったプ
ラス面だけでなく，喪失や衰退といったマイナス面がどの時期にもあること，発達
が歴史や文化，文脈と切り離せない性質があることが含まれていると主張しました
（第1章の図1-2を参照）。

　わざわざ生涯発達と，生涯を強調しているのは，それまでの「発達」の捉え方が，
乳幼児から青年になるまでの狭い期間にとどまっていたためです。この様な発達の
捉え方の弊害として挙げられるのが，単線的で右肩上がりの発達観の形成でした。
能力が伸びる，できることが増える，うまく環境に適応できるといった，発達の一
面だけが強調されてしまいました（冒頭のダイアローグの後輩さんの発言にも右肩
上がりの発達観が見て取れます）。それによって，発達そのものが，達成しなけれ
ばいけない目標になってしまったり，そこからズレたりしてはいけないような，過
剰な反応までもが見られるようになってしまいました。生涯発達はこのような単純
な発達の考え方へのアンチテーゼなのです。

考えてみよう！ ....

　③　発達における身体や運動の役割を自分の言葉で説明してみよ
　　う。

引用文献

Asakawa, A., Murakami, T., & Sugimura, S. (2019) Effect of fine motor skills training on arithmetical ability in children. *The European Journal of Developmental Psychology*, **16**, 290-301.

東洋（1969）「知的行動とその発達」　岡本夏木・古沢頼雄・高野清純・波多野誼余夫・藤永保編『児童心理学講座 4　認識と言語』金子書房，pp. 3-22。

バルテス，P. B.／東洋・柏木惠子・高橋惠子監訳（1993）『生涯発達心理学 1 巻　認知・知能・知恵』新曜社。

ケイス‐スミス，J.・ペホスキー，C.／奈良進弘・仙石泰仁監訳（1997）『ハンドスキル　手・手指スキルの発達と援助』協同医書出版社。

Denckla, M. B. (1973) Development of speed in repetitive and successive finder movements in normal children. *Developmental medicine and child neurology*, **15**, 635-645.

Denckla, M. B. (1974) Development of motor coordination in normal children, *Developmental medicine and child neurology*, **16**, 729-741.

Ferber-Viart, C., Ionescu, E., Morlet, T., Froehlich, P., & Dubreuil, C. (2007) Balance in healthy individuals assessed with Equitest: maturation and normative data for children and young adults. *International journal of pediatric otorhinolaryngology*, **71**, 1041-1046.

Fischer, U., Suggate, S. P., Schmirl, J., & Stoeger, H. (2018) Counting on fine motor skills: links between preschool finger dexterity and numerical skills. *Developmental Science*, **21**(4), e12623.

Gesell, A., & Thompson, H. (1929) Learning and growth in identical infant twins: An experimental study by the method of co-twin control. *Genetic Psychology Monographs*, **6**, 11-124.

Haworth, C. M. A., Wright, M. J., Luciano, M., Martin, N. G., de Geus, E. J. C., van Beijsterveldt, C. E. M., Bartels, M., Posthuma, D., Boomsma, D. I., Davis, O. S. P., Kovas, Y., Corley, R. P., Defries, J. C., Hewitt, J. K., Olson, R. K., Rhea, S.-A., Wadsworth, S. J., Iacono, W. G., McGue, M., Thompson, L. A., Hart, S. A., Petrill, S. A., Lubinski, D., & Plomin, R. (2010) The heritability of general cognitive ability increases linearly from childhood to young adulthood. *Molecular Psychiatry*, **15**, 1112-1120.

Michaux, N., Masson, N., Pesenti, M., & Andres, M. (2013) Selective interference of finger movements on basic addition and subtraction problem solving. *Experimental Psychology*, **60**, 197-205.

岡田敬藏（1954）「遺傳と環境」井村恒郎・懸田克躬・島崎敏樹・村上仁編『異常心理學講座　第 1 巻　第 5 冊』みすず書房，pp. 3-54。

杉原隆・吉田伊津美・森司朗・中本浩揮・筒井清次郎・鈴木康弘・近藤充夫（2011）「幼児の運動能力と基礎的運動パターンとの関係」『体育の科学』**61**, 455-461。

高木正孝（1950）「遺伝と環境——心的遺伝の方法論的考察」『脳研究』**8**, 78-93。

Watson, J. B., & Rayner, R. (1920) Conditioned emotional reaction. *Journal of Experimental Psychology*, **3**, 1-14.

Westermann, G., Mareschal, D., Johnson, M. H., Sirois, S., Spratling, M. W., & Thomas, M. S. C. (2007) Neuroconstructivism. *Developmental Science*, **10**, 75-83.

「発達の基礎」を広く学びたい方はこちら！

鈴木忠（2008）『生涯発達のダイナミクス——知の多様性　生きかたの可塑性』東京大学出版会。

　　生涯発達の原理として「可塑性」に焦点を当て，心理学にとどまらず，神経科学や進化生物学などの知見も参照しながら，知能，熟達化，実践的知識，英知などの研究が詳細にレビューされています。

高橋惠子・湯川良三・安藤寿康・秋山弘子編（2012）『発達科学入門1　理論と方法』東京大学出版会。

　　発達に対する考え方，周辺領域をふまえた基本的な理論および研究方法まで，より深く発達の基礎や原理について学ぶことができます。

第3章
頭の中で想像し，考えられるのはどうして？
──イメージの発達──

ダイアローグ

私たちが物事を想像し，考えられるのはどうしてだと思う？

 うーん，それはイメージとか言葉があるからじゃないですか？

なるほど。じゃあ，イメージはどうやって生まれると思う？

 過去に見たことを写真みたいに覚えているからとかですかね。

確かにそういう可能性もあるね。実は，ピアジェという研究者は，子どもが真似をすることでイメージが生まれると考えたんだ。

 えっ，全然つながっていない気がします……でも，ピアジェは聞いたことがあります。面白そうなので，詳しく教えてください。

1 イメージの心理学
頭の中のイメージって？

「眠れない夜は羊を100匹数えましょうね」

　このように言われ，ぼんやりとですが頭の中で羊の姿を思い浮かべて数えた経験はないでしょうか。思い浮かべる羊の姿は人それぞれでしょうし，羊が小屋にどんどん入っていく情景を思い浮かべる人もいれば，羊が右から左へとぴ

ょんぴょん飛んでいく情景を思い浮かべる人もいるでしょう。面白いのは，個々人が目の前に特定の対象がないにもかかわらず，その対象を頭の中でイメージ（心像）として思い浮かべられる点です。イメージは視覚や聴覚など五感に対応した像を直接的な刺激なしに，頭の中で想像し，考えることを可能にしてくれます。友達の名前を聞いてその子の顔を思い浮かべるとき，好きな音楽グループの歌を思い出すとき，恋人とお互い年をとった場面を想像して会話するとき，すべてイメージが関わっています。また，イメージは大人だけのものではありません。むしろ，子どもこそ豊かなイメージの世界に生きているという印象をもつ方が多いかもしれません。幾何学のような絵にも子どもなりのイメージがあるでしょうし，ただの泥水がコーラとして大人に手渡されることもあります。しかし，そんな子どもでも生まれてすぐイメージを思い浮かべられるわけではありませんし，大人のようにイメージの扱いに長けているわけでもありません。本章では，そうしたイメージという観点から，私たちがどのようにして頭の中で物事を想像し，考えられるようになるのかを考えたいと思います。

イメージの役割や特徴

　保育園の一室でたくさんの子どもが遊んでいる場面を想像してみてください。ある子どもがクレヨンで下から上に「ロケット！」と言いながら，紙に1本の線を勢いよく描いています。また，別の子どもがさまざまな形の茶色の積み木を机に並べています。これらは目に見える子どもの行為ですが，子どもの頭の中では異なる情景が広がっているかもしれません。勢いよく線を描いていた子どもは，ロケットが地上から飛び立つところを想像しているかもしれません。また，パン屋さんごっこをしている子どもは，丸い積み木はあんパンで，長い積み木はフランスパンと考えて，パン屋の店員さんのように振る舞っているのかもしれません。こうした子どもの姿には，イメージの重要な役割や特徴が反映されています。たとえば，子どもはある事物（線，積み木）が目の前にありながらも，心の中では異なる事物（ロケット，パン）として意味づけています。

つまり，線や積み木はそれ自体として扱われるのではなく，ロケットやパンの
かわりとして置き換えられています。この**置き換え**は，頭の中でロケットやパ
ンのイメージを線や積み木に当てはめることにより可能となります。また，あ
る事物（線，積み木）が異なる事物（ロケット，パン）の代わりとして置き換え
られる場合に，両者には何らかの類似性が存在します。たとえば，線を勢いよ
く描く様子とロケットが飛び立つ様子が似ていたり，積み木とパンの形が似て
いたりということです。最後に，置き換えられるのは目の前に存在する事物
（線，積み木）だけではありません。子どもが以前パン屋の店員さんが働いてい
る姿を見た経験からパン屋さんのイメージを作り，パン屋さんの真似をするこ
ともあります。この場合，置き換えられるのは，目の前に物理的に存在するも
のではなく，過去の経験や出来事となります。まとめると，イメージの役割と
特徴は，①目の前にある事物を心の中で別のものとして置き換えること，②①
の置き換えるものと置き換えられるものに何らかの類似性が存在すること，③
時間的・空間的に切り離された経験なども置き換えられること，の３つと言え
ます。

ピアジェとイメージ

　イメージについて体系的に研究を行った研究者の一人に**ピアジェ**（Piaget, J.）
がいます。ピアジェは，子どもの思考と認識の発達理論をつくりあげた20世紀
を代表する心理学者です。ピアジェ理論の大きな特徴のひとつは，子どもが受
動的に受け取る感覚や情報ではなく，能動的に外界と関わる行為を彼らの思考
と認識の起源と考えた点です。結論から先に述べると，イメージの発達につい
ても同様に，ピアジェは子どもの能動的行為，特に模倣が内面化することでイ
メージが生まれると考えました（仲山，2020；ピアジェ，2007）。本章では，ピア
ジェ理論に焦点を絞って，イメージがどのようにして生まれるのか，そしてイ
メージをどのように頭の中で自在に操るようになるのかについて説明してゆき
ます。

2 **ピアジェ理論** どのようにしてイメージが生まれるのか？

ピアジェ理論の中核

　イメージがどのようにして生まれるのかという問いに答える前に，少し遠回りですが，ピアジェの発達理論について学んでいきたいと思います。ピアジェ理論の中核をなす概念として，**シェム・同化・調節**があります。シェムとは，さまざまな状況や対象に対し行われる物理的に異なる行為をまとめ上げる共通の構造を指します。「吸う」という行為で具体的に考えると，お母さんの乳首を吸う時と自分の指を吸う時では吸い方は異なるものの，シェムがあることで同じ「吸う」という行為とみなすことができます。つまり，吸うシェムは，さまざまな「吸う」という行為の下地になります。こうしたシェムをもとに環境に対して働きかけ，適応してゆく過程に子どもの発達をみたのがピアジェでした。適応にとってまず重要なのは，外界の環境から新しい情報をシェムに取り入れる**同化**です。たとえば，吸うシェムをもつ子どもは，お母さんの乳首だけでなく，新たにおもちゃや哺乳瓶に対しても吸うという行為を行うようになります。しかし，お母さんの乳首，おもちゃ，哺乳瓶はそれぞれ異なる吸い方をする必要があります。このような行為の微修正を可能にするのが**調節**であり，シェムの同化には調節が伴います。さらに，いつものようにお母さんの乳首を吸ってもうまくお乳が出ないときに吸い方を変えるというような既存のシェムを修正する場合にも調節は力を発揮します。このように同化と調節は両輪であり，同化と調節の間の漸進的均衡化により認知構造が組織化されてゆきます。

----

(1) ピアジェは，シェムとシェマという用語を使い分けています。シェムが行為について繰り返し一般化されたもの（例：吸うシェム）であるのに対し，シェマが単純化されたイメージ（例：地図）を指します（ピアジェ，2007）。

表3-1　イメージの発達の概略

発達段階	発達年齢の目安	イメージの発達	具体的な特徴
感覚運動期	第1〜2段階 （0〜4か月）		生得的な反射を通して，身体そして動きを学ぶ
	第3〜4段階 （4か月〜1歳）	内的世界と外的世界の区別	モノに向けた行為／対象の永続性の理解
	第5〜6段階 （1〜2歳）	イメージの発生	延滞模倣
前操作期	2〜7歳	視点を伴わないイメージ	自己中心的な言語使用 3つの山問題で常に自分からの「見え」を報告
具体的操作期	7〜11歳	イメージの操作	図形の動きや形状の変化のイメージ 保存概念の理解
形式的操作期	11〜15歳	具体物から切り離された操作	仮説演繹的推論

（ピアジェ，2007をもとに筆者作成）

感覚運動期（対象の永続性）

　ピアジェは子どもの思考や認識について4つの発達段階があることを提起しています（表3-1）。まずは，0から2歳に相当する**感覚運動期**において，イメージが誕生するまでのプロセスを見ていきましょう。ピアジェ理論において，感覚運動期は6つの細かな段階に分かれます。まず，感覚運動期の第1・2段階の子どもは，生得的な反射（例：子どもの手に指を置くと指を握り返してくる把握反射）を軸として，新たなシェム（例：把握のシェム）を獲得し，自分の身体を通して身体の形や動かし方を学んでいきます。

　感覚運動期の第3段階では，子どもは自分の身体に向けた行為から外界のモノに向けた行為を行うようになります。たとえば，あるおもちゃのひもを引っ張ると，音が鳴ったことでまたひもを引っ張って音を出すという行動を何度も繰り返します（循環反応）。重要な点として，いきなりモノを自分の身体と切り離して認識しているわけではなく，自分の行為の延長線上でモノを認識するに留まります。先の例でいうと，「おもちゃの音を鳴らす」ためにひもを引っ張

るという手段を講じているのではなく，「ひもを引っ張る動きをするとなぜか音が鳴る」というような理解が正しいといえます。

　感覚運動期の第4段階になると，目的と手段が分化するとともに，自分の行為とは切り離してモノが存在することを認識するようになります。それを傍証するのがピアジェの「**対象の永続性**」実験です。この実験では，たとえ視界からモノが消えたとしてもそのモノが永続的に存在し続けることを理解できるかを検討しています。具体的に，ピアジェは子どもの目の前におもちゃを置き，次に布をかぶせて隠しました。すると，第3段階以前の子どもは手を引っ込めてしまい，それ以上おもちゃを探さないのに対し，第4段階以降の子どもは布がかぶせられていてもその布を取り除き，おもちゃを手に入れることができることを発見しました。このようにモノが視野から消えても，そのモノが子ども自身から独立に，実体として存在し続けるということの理解は，外的な世界と内的な心の世界の分離の萌芽にあたります。そのため，この「対象の永続性」の理解は，イメージを形成する上で重要なものとなります。そして，迎えた第5段階では，意図的にモノに対する新たな関わりを模索するようになります。モノを落とす位置を少しずつ変えてその落下の仕方の変化を観察したり，ボールの投げ方を少し変えてボールの飛び方が変わるのを何度も確認したりします。こうした「実験」を試行錯誤的に繰り返すことで，因果関係の理解という基本的な認識枠組みを形成してゆきます。

感覚運動期（模倣）

　第6段階になると，それ以前と比べて**模倣**の仕方も変わるとピアジェは指摘をしています。ピアジェにとって，模倣とは外界の対象の形や動きを行動によって再現する過程全般を指します。そのため，描画などもこの模倣には含まれます。第6段階以前では，まず自分や他者の行為や発声を模倣するようになり，そして次に自分の表情を他者の表情に近づけるようになります。この第6段階以前の模倣で共通しているのは，「現在」知覚可能な対象に対して，自分の身体や行為を調節している点です。一方，第6段階では，「過去」に経験した対

象を，あとから再現できるようになります。これを**延滞模倣**と言います。ピアジェが見つけた延滞模倣の一例は，次のようなものです。ピアジェの娘は，自分の友達がベビーサークルから出ようとかんしゃくを起こしているのをびっくりして見ていた次の日，自分も同じようにベビーサークルの中でかんしゃくを起こしたのでした。ピアジェは，自分の娘が今までこのようなかんしゃくを起こしている場面を見たことがなく，前日の友達の行為を再現しているのだと気づいたのです。ここで重要なのは，目の前に模倣の対象がないにもかかわらず，その対象に合わせて自分の行為と身体を調節している点です。

　ピアジェは，先に紹介したイメージの特徴と延滞模倣に似通った点があることに気づきました。ある事物をイメージにより心の中で別の事物に「置き換え」ているのと同様に（例：パンを積み木で表現する），延滞模倣の場合も再現したい過去の対象を自分の行為と身体で「置き換え」ていると考えました。ただし，この段階は，イメージが生まれる一歩手前で，あくまで身体と一緒になってはじめて目の前にないものを置き換えることができるとピアジェは考えました。むしろ，模倣として実行される行動それ自体が内面化されることで，はじめてイメージが成立すると考えました。つまり，延滞模倣はまだ「身体で再現する」状態であり，次第に身体とは独立して「心の中で再現する」状態に至ると言えます。まとめると，イメージは内面化された模倣を起源としているとピアジェは考えたのでした。

3　イメージと自己中心性
イメージを獲得した後はどのように発達するのか？

イメージと記号

　感覚運動期の終わり頃に子どもたちが獲得しはじめたイメージは，その後どのように発達するのでしょうか。ピアジェが提起した発達段階のうち2から7歳に相当する**前操作期**の知見を中心に紹介してゆきます。

第1節で確認したように，イメージには「置き換えるものと置き換えられる
ものに何らかの類似性が存在する」という特徴がありました。たとえば，直線
が下から上に勢いよく描かれる様子がロケットに似ているということにあたり
ます。このような類似性は，個人の感覚や経験によるところが大きく，他の人
に伝わるとは限りません。同じ様子を見ていた人でも，ロケットではなく塔や
木を思い浮かべることからも，イメージはある個人に特有のものと言えます。
一方，ある特定のコミュニティの人全員に同じものを思い起こさせる置き換え
を行うのが記号です。ここでいう記号とは，言語や文字やロゴなどです。記号
の場合は，置き換えるものと置き換えられるものの間に類似性がありません。
「apple」という文字列と本物のリンゴは全く似ていませんし，各国の国旗とそ
の国の関係は恣意的と言えます。記号は，恣意的だからこそ，慣用的に使われ
るようになり，社会の中で伝達の道具として使われるのです。

　ピアジェは，記号が置き換えという点でイメージと類似しており，記号もイ
メージと同時期に徐々に獲得されていくと考えました。ただし，前操作期にお
いて記号の習得はまだ不完全であり，伝達の道具として完全に扱えるわけでは
ありません。たとえば，慣用化されていない言葉がしばしば用いられることや
(自分の家で飼っている犬の名前で他の犬を呼ぶ)，他者に向けられない独り言の多
さがその証拠です。ピアジェは，こうした記号の不完全な使用も含め，前操作
期の特徴の1つを自己中心性としました。自己中心性（中心化）とは，わがま
まという意味ではなく，自己の視点と自己と異なる視点（たとえば他者の視点）
が分かれておらず，子ども自身の視点を絶対ととらえてしまう性質を指します。
自己と異なる視点が存在することがわからない子どもだからこそ，結果的に相
手には伝わらない形で記号を用いるのだと説明しています。そして，ピアジェ
は発達するにしたがって，子どもは異なる視点や観点が存在することを認識で
きるようになり，次第に自己と異なる視点からでも物事を考えられるようにな
ると考えました。こうした発達の過程で，他者に伝える道具として記号を用い
るようになるのです（言語の発達については第4章を参照）。

考えてみよう！ ....

① イメージはどのように生まれるのでしょうか？ また，イメー
ジがない世界とはどのようなものか考えてみてください。

 ② 前操作期の子どもの特徴は何だったでしょうか？ また，その
特徴が現れる例をピアジェがあげた以外にも考えてみましょう。

③ イメージが存在することを客観的に証明する方法はどのような
ものか考えてみましょう。

3つの山問題

　先の項では，子どもの記号の使用に彼らの自己中心性が反映されることを紹介しましたが，ピアジェはイメージという観点からも自己中心性に関する検討をしています。それが空間認知の発達をとらえるために作成された**3つの山問題**です。3つの山問題では，それぞれ高さや形の異なる山が配置され，正面から見るか，横から見るかで山の見え方が変わります。この問題では，3つの山の周りのさまざまな地点に人形を置き，その地点から人形に見えているはずの「見え」を検討します。具体的には，自分とは異なる位置から山を見ている人形の「見え」をあらかじめ用意した景色の絵カードから選択してもらう，または逆に景色の絵カードを実験者が選び子どもにどの位置からの「見え」なのか人形を置いてもらうという方法をとりました。すると，一定数の子どもは，人形からの「見え」を尋ねられているにもかかわらず，常に自分の位置からの「見え」を報告します。ピアジェは，この子どもたちの反応に自己中心性が現れていると考えました。前操作期の子どもたちは，感覚運動期とは異なり，「見え」のイメージを心に浮かべることができます。しかし，自分の「見え」のイメージと異なる「見え」のイメージが存在することがわからないため，自分の「見え」のイメージを答えてしまうのです。自分の「見え」と異なる他者の「見え」を報告するのは非常に難しく，自分の「見え」から他者の「見え」への変換を頭の中で行わないといけません。具体的には，自分とは異なる別の

位置まで視点を移動させ，そこからの「見え」を思い描く心の働きです。この時の視点移動は，頭の中で「もう一人の自分」が動き回っているとも言えます。ピアジェは，こうした頭の中における変換を**操作**と呼んでいます。操作が著しい発達を遂げる段階は**具体的操作期**と呼ばれ，目安として7から11歳頃とされています。[(2)] 次の節では，この具体的操作期におけるイメージの発達に着目して研究を紹介してゆきます。

4 [イメージの操作] どのようにしてイメージを自在に操るのか？

操作とは

操作はピアジェ理論の鍵概念のひとつであり，内化された行為を指します。たとえば，足し算の例がよく引き合いに出されます。「3個のリンゴと4個のリンゴを足すといくつになるでしょう」という問題がテストで出された時に，実際にりんごを目の前に持ってくるわけにはいきません。そのため，頭の中でリンゴをイメージします。そして，イメージした3個のリンゴと4個のリンゴをひとつのかごに入れるようなイメージをして答えを導き出します。この頭の中で行うリンゴを動かす行為を操作と呼んでいるのです。操作には，いくつかの性質があります。たとえば，操作ができるというのは，2つを足し合わせるだけでなく，7個のリンゴが入ったかごから再び4つを取り出すと残り3個になるという逆の行為も心の中でできることも含意しています。これを**可逆性**と言います。また，7個のリンゴを心の中で1個と6個，2個と5個，3個と4

---

(2) ピアジェの発達段階において，11歳から15歳頃までが形式的操作期にあたります。この段階では，水の量やものの動きなど具体物から分離した論理的なシステムに基づいて推論がなされます（仮説演繹的推論など）。たとえば，「AはBよりも小さく，CはBよりも大きいならば，AはCよりも小さい」という思考の形式をいかなる内容に対しても当てはめて推論が可能となります。

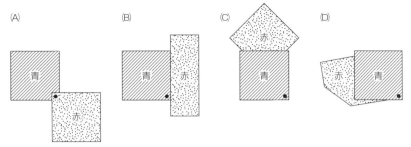

図 3-1　回転する図形の運動イメージを検討する課題（Piaget & Inhelder, 1971より）
注：(A)課題の基本型，(B)〜(C)子どもが図形の移動を予想する誤り例。

個のように分割することができる反面，もとのリンゴの数が変わっていないという**不変量**を理解できていることも操作の重要な性質です。このように操作は，単なる心の中の行為のひとつひとつを指すのではなく，さまざまな状況でも対応できるような**論理的なシステム**を形成しているといえます。こうした操作が洗練されてゆくことで，イメージの発達にどのような影響があるのでしょうか。

静から動へ

　ピアジェは，イメージの種類をその内容により3つに分けています。1つは，**静止イメージ**といって，直線のように位置や形ともに変化しないモノのイメージを指します。その他，振り子のように位置が変化することを指す**運動イメージ**，針金を曲げるように形が変化することを指す**変形イメージ**をあげています。そして，ピアジェが操作に関わると考えているのは，運動イメージと変形イメージです。以下では，ピアジェが，5から11歳の子どもを対象に，回転する図形の運動イメージを調べた研究を紹介します（Piaget & Inhelder, 1971）。

　この研究では，図3-1(A)のように，青い正方形の端に釘で赤い正方形をとりつけ，子どもに赤い正方形が回転できることを示しました。そして，ピアジェは，子どもに赤い正方形を少しずつ移動させたら，青い正方形とどのように重なるのかを想像させて，それを釘の位置も含めて描画するように求めました。子どもが一度描いた絵は順次子どもからは見えないところに移動させ，少しず

つ回転させて何度も描かせました。子どもの描画から大変苦労している様子が見受けられます。たとえば，青い正方形が固定されていることがわからず，赤い正方形の移動とともに両方とも移動させてしまうという誤りが見られます。その他，赤の正方形を90度回転させると長方形のように変化してしまう誤り（図3-1(B)），90度から180度の間の角度で回転する際に，釘を中心にした回転軸があることを理解できずに赤い正方形が青い正方形の周囲を回ってしまうという誤り（図3-1(C)），回転軸は理解できるものの赤い正方形の形のイメージを正確に把握できない誤り（図3-1(D)）などが見られます。角度によって通過率の多少の違いはあるものの，8歳くらいから一貫して正答する子どもが出始めることをピアジェは報告しています。さらに興味深いのは，一度赤い正方形が回転している場面を模写するという経験をした後に，再び赤い正方形が回転するのを想像して描画するように伝えた場合です。直感に反して，わずかに正答率は上がるものの，依然として7歳以下の子どもには難しい課題であることがわかりました。このように以前に経験したことがない，もしくは多少の経験があったとしても図形の動きを心の中で再現することは一定の発達段階に達しないと難しいようです。そして，この発達段階で必要なのは，心の中で止まっているイメージを思いのままに動かす操作だとピアジェは指摘しています。

保存と操作

最後に，もうひとつ操作とイメージに関する水の移し替え研究を紹介します（Piaget & Inhelder, 1971）。この研究では，同形同大の2つのガラスコップAとBを用意し，AとBに同じ高さまで水を入れ，同じ水の量が入っていることを確認させます。その後に，AとBよりも太い（または細い）ガラスコップCを用意し，Bの水をCに移し替えたとすると水位と水の量がどうなるのか予想させる質問を行います。その後，実際に水を移し替え，AとCのどちらの水が多

---

(3) 赤い正方形を移動させた時に，青い正方形とどのように重なるのか正しく描画できた割合を指す。

いか（またはたくさん飲めるのか）を子どもに尋ねます。もちろん，正解は移し替えたとすると水位は低くなる（または高くなる）ものの，水の量は同じという回答です。興味深いのは，移し替えたとすると，水位は同じで，水の量も同じと予想する子どもたちがいることです。水の量は同じと答えているので，正解な気もします。しかし，この子どもたちは，実際に水が移し替えられると，自らの予想とは異なり水位が変わるので，やっぱり太いガラスコップの方は水が少ないと意見を変えます。彼らは，「水の量が同じ＝水位が同じ」という自らの経験に基づくイメージのもと課題に取り組んでいることがわかります。しかし，子どもたちが操作という武器を手に入れると，頭の中でガラスコップCに入っている水をBに移動させる**イメージの操作**を行う中で，「太いガラスコップ×低い水位＝同量の水」という法則へと至ります。これは**量の保存概念**と呼ばれており，長さや数の保存でも同様のことが調べられています。

　私たちが頭の中で想像し，考えられるのはどうしてかという問いにピアジェが答えるならば，イメージの獲得と操作と答えるでしょう。ピアジェにとって，イメージとはある過去の対象を身体や行動によって置き換える延滞模倣が内面化したものです。そして，イメージを思い浮かべられるだけでなく，頭の中で操作できるようになることで，はじめて論理的思考が可能となります。

　本章では，ピアジェ理論そしてピアジェ研究を取り上げましたが，その後50年の間に研究は大きく進んでいます。研究の進展に伴い，ピアジェ理論も多くの批判を受けています。たとえば，ピアジェの課題自体が複雑であったことから，簡便化したり異なる指標を使用したりすると，ピアジェが想定するよりも低い年齢で課題に通過することが知られています（3つ山課題ではBorke, 1975;運動イメージ研究ではMarmor, 1975など）。こうした課題はありつつも，未だに「イメージがどのようにして生まれ，イメージ獲得後どのように発達してゆくのか」を体系的に理論化しているのはピアジェ以外におらず，ピアジェ理論の価値が衰えることはありません。今後は，ピアジェの個別の研究結果だけではなく，彼の理論そのものを乗り越える研究が期待されるのです。

COLUMN
3 　子どもはテレビの映像をどう理解しているのか!?

先輩さん，ある対象を別の対象に置き換えるって話が面白かったんですけど，パン屋さんごっこの他にも例はありますか？

たとえば，テレビの映像や写真も実物の置き換えと言えるね。

あ，確かにそうですね！　子どもはテレビの映像は本物ではないことをいつ頃から理解できるんですか？

　ビデオ映像の理解については，木村・加藤（2006）が興味深い研究を行っています。この研究では，テレビの映像と現実世界との間にインタラクション（相互作用）があり得ると子どもが考えるかを検討しています。たとえば，液晶テレビに映る人がテレビの前に置いている紙人形に息を吹きかけたら倒れると思うか（映像からの作用），液晶テレビに映る紙人形に人が息を吹きかけたら倒れると思うか（映像への作用）などを子どもに質問します。実際には，映像に息を吹きかけたとしても，映像の中のモノが倒れるということはありえません。しかし，意外なことに4～5歳くらいの子どもは，テレビの映像と現実世界との間にインタラクションがあり得ると考えており，6歳頃になってこうした傾向が次第に減少することが示されています。また，4～5歳くらいの子どもは，実験者が映像に働きかけるように促すと（紙人形に息を吹きかけてみたら？），ほとんどの子どもが映像の紙人形が倒れると期待して，まじめに映像に働きかけることも示されています。このことから，テレビの映像それ自体には実体がなく，現実に存在するものの「写し」つまり置き換えであると理解できるのは幼児期後期から児童期にかけてと比較的長い発達プロセスがあることが知られています。

引用文献

Borke, H. (1975) Piaget's mountains revisited: Changes in the egocentric landscape. *Developmental Psychology*, **11**, 240-243.

木村美奈子・加藤義信（2006）「幼児のビデオ映像理解の発達――子どもは映像の表象性をどのように認識するか？」『発達心理学研究』**17**, 126-137。

Marmor, G. S. (1975) Development of kinetic images: When does the child first represent movement in mental images? *Cognitive Psychology*, **7**, 548-559.

仲山佳秀（2020）『発達的観点から見た運動と思考との連関　運動の内面化説の検討』みらい。

Piaget, J. (1970) Piaget's Theory. In P. H. Mussen (Ed.), *Carmichael's manual of child psychology* (3rd ed.): Vol. 1 (pp. 703-732). New York: John, Wiley & Sons（ピアジェ，J.／中垣啓訳（2007）『ピアジェに学ぶ認知発達の科学』北大路書房）。

Piaget, J., & Inhelder, B. (1971) *Mental imagery in the child: A study of the development of imaginal representation* (P. A. Chilton, Trans.). New York: Basic Books（ピアジェ，J.・インヘルダー，B.／久米博・岸田秀訳（1975）『心像の発達心理学』国土社）。

「イメージの発達や乳幼児の発達心理学」を広く学びたい方はこちら！

木下孝司・加用文男・加藤義信編（2011）『子どもの心的世界のゆらぎと発達――表象発達をめぐる不思議』ミネルヴァ書房。
　　現実の世界とイメージの世界の間で揺れ動く子どもの魅力的な様子をとらえた研究が複数収録されています。

森口佑介（2014）『おさなごころを科学する――進化する乳幼児観』新曜社。
　　本章では扱えなかったピアジェ以前の発達心理学，ピアジェ以後の発達心理学が，子ども観の変遷とともに丁寧に描かれています。

第4章
いつから言葉を話せるようになった？
——言語発達——

....

[ダイアローグ]

昨日，家族でテレビを見てたら，音楽番組に出てたバンドを妹が「チルい」って言ってたんだ。でもまったく意味がわからなくて……。

 え，「チルい」ってよく使いますよ!?

ちょっと前に「エモい」って言葉をよく聞いたけど，「チルい」と「エモい」は同じ意味？

 違います！

若い子の話す言葉が全然わからない……。

 子どもだって，周りで話されている言葉が全然わからない状態から，言葉を覚えていくんですよ！　先輩だってやればできます！

1 「言葉がわかる」とは
なぜ「りんご」と聞いたらリンゴのことだと理解できるの？

心的辞書

　突然ですが，「りんご」を想像してみてください。恐らく皆さんは，特に困ることもなく，頭の中でリンゴを思い浮かべることができたと思います。その

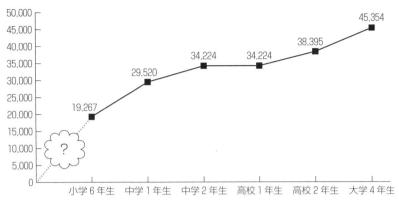

図4-1　小学6年生以降の推定語彙数（藤田ほか，2020：荻原，2016）

　リンゴは，人によって赤だったり緑だったりするでしょうし，スーパーに並んだものだったり木にぶら下がったままだったり，もしかすると切られてお皿に並んでいる状態だったりするかもしれません。しかし，どんな状態であるにせよ，「りんご」と聞けばリンゴを想像できるでしょう。これは，私たちの頭の中に**心的辞書**と呼ばれる辞書があるためです。この心的辞書には，さまざまな単語が音やイメージと結びついて収録されています（頭の中のイメージについては，第3章を参照）。そして私たちはその辞書を引くことで，いろいろな単語の意味を思い浮かべることができると考えられています。

　では，私たちの心的辞書には，いったいどれくらいの言葉が収録されているのでしょうか。小学6年生〜高校2年生（藤田ほか，2020）や，大学4年生（荻原，2016）を対象とした調査では，図4-1のように語彙が増えていくことが報告されています。このように私たちは，小学校を卒業した後もたくさんの言葉を覚え，心的辞書をどんどん充実させていっているようです。

言葉の増え方

　では，小学6年生の時点で1万9267語を知っているためには，どのようなペースで言葉を覚えていけばよいのでしょうか。後ほど詳しく説明しますが，

子どもが単語を話し始めるのは1歳を過ぎてからです。そのため，小学6年生，すなわち12歳の時点で1万9267語を知っているためには，単純計算で毎日4〜5語程度を新たに覚える必要があります。これがいかに大変なことであるかは，外国語を勉強したことがある皆さんであれば身に染みてわかることでしょう。それでは子どもたちは，どのように言葉を覚えていくのでしょうか。

2 話せるようになるには，どんな発達が必要？
音を作ったり聞き分けたり

構音の発達

　言葉を話すためには，まずは"あ"や"い"などのさまざまな音を作ることができなくてはいけません。このように，言葉を話すためにさまざまな音を作ることを**構音**と呼びます。それでは，赤ちゃんがオギャーと産まれてから，どのように構音ができるようになっていくのか，その発達の道筋を見ていきましょう。

　まず，生まれてから2か月頃までの発声は，不快な状況に対する反射的な泣きがほとんどだと言われています。この反射的な泣き声は**叫喚音**と呼ばれます。こうした泣きのほかにも，ミルクを飲んだ後のゲップや咳などの音声も見られます。この時期は喉や口がまだ十分に発達していないため，大人のように母音や子音を発することはできません。

　生後2か月を過ぎると，口や喉の発達に伴い，母音（/u/, /o/）や子音（/k/, /g/）に近い音を出せるようになります。特に，機嫌の良い時には「あー」や「くー」といった非叫喚音を発するようになります。こうした非叫喚音は**クーイング**とも呼ばれます。生後4か月を過ぎる頃には，構音器官の発達も進み，赤ちゃんはさまざまな音声を発することができるようになります。生後6か月頃になると，子音と母音が明確には区別されないような**過渡的喃語**も見られるようになります。生後6か月を過ぎると，子音と母音がつながり，特定の音が

反復されるような**規準喃語**が見られるようになります。規準喃語のうち，「ば
ばば」「ななな」のように特定の音を繰り返すものを**反復喃語**，「ばだ」のよう
に異なる音をつなげるものを**非反復喃語**と呼びます。生後10か月頃になると，
非反復喃語が見られるようになります。さらに，非反復喃語に抑揚や強弱がつ
いて，あたかも何か言葉を話しているかのように聞こえる発話も見られます。
こうした発話のことを**ジャーゴン**と呼びます。その後，1歳の誕生日を迎える
頃になると，特定の意味を伴った言葉（**有意味語**）を発話するようになります。
特に，赤ちゃんが初めて話した有意味語を**初語**と呼びます。

　初語が見られ，語彙が増えてくると，喃語はあまり見られなくなっていきま
す。ただし，初語が見られたら構音の発達はおしまいというわけではなく，1
歳以降も発達は続きます。たとえば，4歳頃までの子どもに /ts/（「ツ」という
ような音）の発音は難しく，/tʃ/（「チュ」というような音）に置き換わるため，
「つみき」が「ちゅみき」になってしまったりするようです（野田ほか，1969）。
このように，幼児期には構音に未発達な部分もありますが，6歳頃になると正
しい構音ができるようになると言われています（浅野，2012）。

知覚の発達

　言葉を話せるようになるためには，さまざまな音を作るだけではなく，さま
ざまな音を聞き分け，言葉を聞き取ることができなくてはいけません。それで
は，赤ちゃんはいつ頃，どのように音を聞き分けられるようになっていくので
しょうか。

　実は，聴覚の発達は早く，赤ちゃんはお母さんのお腹の中にいる時から周囲
の言葉を聞き取って学習しています。もちろん，赤ちゃんは羊水の中にいるの
で，周りで何が話されているのかはよくわからず，話し方のトーンやリズム
（**韻律**）しか聞き取ることができません（お風呂やプールに潜ったときのことを思い
出してみてください）。しかし，お腹の中にいる時から母語の韻律を学習してい
ると考えられています（Mehler et al., 1988）。

　繰り返しになりますが，お腹の中では細かい音まで聞き分けることはできま

せん。しかし，生後数日の新生児でも /b/ と /p/ のような子音の違いや，/ba/ と /bi/ のような母音の違いを聞き分けられるようです（Bertoncini et al., 1987）。生まれたばかりの赤ちゃんが子音を聞き分けられることを知って，疑問に感じた方もいるかもしれません。英語を勉強した方なら，/l/ と /r/ を聞き分けることがいかに難しいかをご存知でしょう。では，赤ちゃんはこの /l/ と /r/ を聞き分けることができるのでしょうか。実は，日本人とアメリカ人の赤ちゃんを調べると，生後6〜8か月の時点では聞き分けの成績に差が無いことが報告されています（Kuhl et al., 2006）。しかし生後10〜12か月になると，日本人の赤ちゃんの成績はアメリカ人の赤ちゃんの成績よりも低くなってしまうようです。

　つまり私たちは，生後半年くらいまでの間はさまざまな音を区別できますが，そこから1歳頃までの間に，区別する必要のない音（日本語で言えば /l/ と /r/）については聞き分けられなくなっていくようです。このような現象を，**知覚狭小化**と呼びます。私たちは，生後6か月以降，周りで使われている言葉にあわせるように，言語の知覚を発達させていくようです。

構音と知覚の関連

　ここまで，言葉の音を作る構音と，言葉の音を聞き分ける知覚の発達について，それぞれ見てきました。実は，この構音と知覚の発達は関連していると考えられています。生後6か月児と9か月児を対象とした研究によると，喃語の中で /b/ と /d/ を発することのできる赤ちゃんは，まだそれができない赤ちゃんよりも，/b/ と /d/ の聞き分けの成績が良いようです（Vilain et al., 2019）。構音が上達していくにつれて，発音しづらかった音同士も聞き分けられるようになっていくのかもしれません。

　さらに，赤ちゃん自身の構音だけでなく，周りの大人たちが話しかける際の構音も，赤ちゃんの音声の知覚の発達に影響することが知られています。皆さんが赤ちゃんに話しかける時の様子を想像してみてください。きっと，大人と話す時とは違うような話し方をするのではないでしょうか。こうした赤ちゃん

に向けられる話し方は，**対乳児発話**（infant directed speech：IDS）と呼ばれ，全体的に声が高く，抑揚は強調され，リズミカルになる，などの特徴があります。対乳児発話は赤ちゃんの言語発達を促すことが知られていますが（Ramírez et al., 2020），お母さんがよりはっきりと母音を区別して発話することが，乳児の聞き分けの発達を促すことも報告されています（Liu et al., 2003）。周りの大人がはっきりと聞き取りやすく話しかけてあげることで，赤ちゃんの聞き分けも上達していくと考えられます。[(1)]

考えてみよう！

① 最近新しく覚えた言葉はありますか？
その言葉の意味はどうやって知っただろう？　同じような学習は子どもにもできそうかな？

② 言葉を使わずに何かを伝える時，どんな方法を使いますか？
たとえば海外の方に窓を開けてほしい時，どうすれば伝わるだろう？

③ 海外の方がリンゴを指さして「heerlijk」と言ったら，それはどんな意味だと思いますか？　また，なぜそう思ったかな？

3 意図を分かち合う
話せなくても「伝えたい！」……でもどうやって？

共同注意

ここまで，音を作ったり聞き分けたりするための発達について見てきました。

---

(1) 大人の言葉かけと言語発達に興味がある人は，こちらの本も読んでみよう！
針生悦子（2021）『ことばの育ちの認知科学』新曜社。

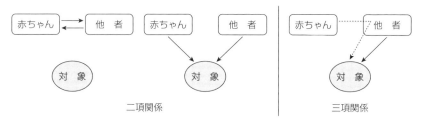

二項関係　　　　　　　　　　　　　　　三項関係

図4-2　二項関係と三項関係（金重，2021）

しかし，いくら綺麗に構音でき，完璧に音を聞き分けられたとしても，他者が何について話しているのかがわからなければ，その言葉が指すものを理解して学習することはできません。生後9か月頃まで，赤ちゃんは**二項関係**で世界とかかわっているため，他者と何かを共有することは難しいと考えられています（図4-2）。しかし，生後9か月頃から，「自己―他者―対象」の三項の関係をもって世界とかかわる**三項関係**が成立します。この三項関係によって，他者と同じ対象に注意を向け，他者と注意を共有する**共同注意**が可能になります。共同注意によって，他者の見ている方向や対象に自らも注意を向ける**視線追従**も可能になります。このように，他者と関係性を築く能力が劇的に変化することから，この時期の発達は**9か月革命**とも呼ばれます（トマセロ，2006）。

　これらの共同注意や視線追従は言語発達にも大きく関係しています。たとえば共同注意は，お母さんが犬を指さして「イヌだよ」と言ったとき，「イヌ」という語の指示対象を正しく理解するために必要です。また，視線追従について検討した実験（Baldwin, 1991）では，子どもの前に2つの真新しいおもちゃを置き，子どもがそのうちの一方で遊んでいるときに，実験者がもう一方のおもちゃを見ながら「トーマだ！」と言いました。すると18か月児の多くは，実験者の顔を見て，何を見ながらその言葉が発せられたかを確認するようです。その後，子どもたちにトーマを探させると，自分が遊んでいた方ではなく実験者が見ていた方を選ぶことができるようです。

指 さ し

　生後9か月以降，赤ちゃんは**指さし**を行うことで，他者の注意を特定の対象へと向けようとします。指さしには，大きく分けて**命令の指さし**と**叙述の指さし**の2種類が存在します（Bates et al., 1975）。命令の指さしは，要求の指さしと呼ばれることもあり，欲しいものを相手に取ってもらいたい時などに見られるものです。一方で叙述の指さしは，他者と対象を共有しようとする意図から行われるものです。命令の指さしは，主に生後11か月前後から出現し，叙述の指さしは，命令の指さしに少し遅れる形で出現します。

　指さしは，まだ言葉で対象を伝えられない赤ちゃんにとって，自分の意図を伝えるとても大切な手段です。生後10か月の赤ちゃんを24か月まで追跡してコミュニケーションの様子を観察した研究（Iverson & Goldin-Meadow, 2005）では，まず指さしのみで指し示された対象が，その後単語のみで指し示されるようになるケースが多く見られました。つまり，まだ対象を何と呼んでよいかわからない赤ちゃんが，代わりに指さしを用いることでそれを指し示そうとしていることがうかがえます。さらに，10〜12か月の赤ちゃんにおいて，指さしが多い子どもほど語彙も多いことが報告されています（Mumford & Kita, 2016）。指さしを行うことは，言葉の発達においても重要であるようです。[2]

意図の理解と言葉の学習

　意図の理解は，目の前の対象を表す言葉について学習する場面だけでなく，その言葉を聞いた時には目の前になかった対象について学習するためにも重要です。生後24か月児を対象にした実験（Tomasello & Barton, 1994）では，実験者は子どもの目を見ながら「トーマを探そう」と言い，複数のバケツの中を一緒に探します。そして，いくつかのバケツの中を見た時にはがっかりしたよう

---

(2)　共同注意や指さしに興味がある人は，こちらの本も読んでみよう！
　　大藪泰（2020）『共同注意の発達』新曜社。

な声を出し，あるバケツの中を見た時だけ興奮した様子で中身を取り出し，子どもに渡します。この時，中身の名前には言及しません。その後バケツの中身をすべて出して，「トーマを持ってきて」と言うと，子どもは実験者を興奮させたおもちゃを選ぶことができるようです。つまり，必ずしも大人が目の前で名前を告げなくても，大人の意図を理解することで，子どもは対象の名前を学習することができるのです。このように，言葉の学習とは，単に目の前の対象にラベルが貼り付けられることで自動的に行われるようなものではなく，他者の心の理解（第6章を参照）とも深く関連しているものだと考えられます。

4 語彙の発達
幼児は中学校の英単語よりもはるかに多い語彙を身につける

語彙爆発

　1歳頃に初語を話してから語彙が50語ほどになるまで，子どもたちはゆっくりと言葉を覚えていきます。この時期には，たとえば「ブーブー」という言葉が車だけでなく自転車を指すものとしても使われたり（過剰拡張），逆に「ワンワン」という言葉が自分の家の犬だけを指すものとして使われたり（過剰縮小）もします。⁽³⁾その後，1歳半から2歳頃になり，語彙が50語を超えてくると，子どもたちは急速なペースで言葉を覚えていきます。この急速な語彙の増加は**語彙爆発**と呼ばれ，それまでは1週間に3語程度が増えていたのに対し，1日に8〜10語覚えるようになると言われています（小山，2006）。なぜ語彙爆発が生じるのかについては諸説ありますが，そのひとつとして，子どもが2歳頃までに物には名前があるということに気づくためではないかと考えられています（命名の洞察）。2歳頃の子どもが，身の回りのさまざまなものについて「これ

---

(3) 子どもによる言葉の誤用に興味がある人は，こちらの本も読んでみよう！
　　広瀬友紀（2017）『ちいさい言語学者の冒険』岩波書店。

なに？」としきりに尋ねる様子を見たことがある方もいるかもしれません。

　語彙爆発期には，リンゴやコップなどの一般的な名詞が主に獲得されていきます。ここで留意すべきは，たとえば真っ赤なリンゴを目の前にして「リンゴだよ」と教えられた時，「リンゴ」という言葉が指す意味は無数にあることです。色を指しているかもしれませんし，形を指しているかもしれませんし，食べたら美味しいという意味かもしれません。そして，正しい意味にたどり着くためには，青リンゴに対しても同じ言葉が使われるか，切った状態のリンゴに対してはどうか……と，さまざまな場面を対比してその可能性をひとつひとつ消していかなくてはいけません。しかし子どもたちはそんなことはせず，数回耳にするだけで素早く語と対象を結びつけます（即時マッピング）。子どもたちが急速に言葉を獲得していく背後には，初めから特定の可能性に絞り込むような，制約と呼ばれるさまざまなルールが働いていると考えられています（Markman, 1989）[4]。

文法の獲得

　初語を話してから語彙爆発が見られる頃まで，子どもはひとつの単語のみによる一語文を話します。その後，語彙爆発が始まる頃から，「ママ　来た」「ブーブー　乗った」のように語と語をつなげる二語文を話すようになります。一語文期，二語文期を経て，子どもたちはさらに複数の語をつなげて話す多語文期へと入っていきます。しかし，複数の単語をつなげて発話できるからと言って，大人と同じように文法を理解できているわけではありません。たとえば，幼児は格助詞よりも語順に基づいて発話を解釈しやすいようです（Hayashibe, 1975）[5]。子どもたちの文法理解は，幼児期以降にも発達を続けていきます。

　ここまで，乳児期から幼児期以降までの話し言葉の発達について見てきまし

---

(4)　語の獲得や制約に興味がある人は，こちらの本も読んでみよう！
　　今井むつみ・針生悦子（2014）『言葉をおぼえるしくみ』ちくま学芸文庫。
(5)　幼児には主語─目的語─動詞という語順が理解しやすく，「アヒルを　かめが　押す」
　　という文を聞いてもアヒルが押したと解釈してしまうようです。

た。言葉を話せるようになるためには，音を作ったり聞き分けたりして，他者の意図も理解し，単語を切り出して覚え，それらをつなぐルールも覚えなくてはならないことがわかりました。子どもはたやすく言葉を覚えているように見えるかもしれませんが，その裏でたくさんのことをこなしているようです。[6]

5 話す言葉から書く言葉へ 児童期以降の言葉の発達

ひらがなの獲得

　最後に，書き言葉の発達について見ていきましょう。皆さんは，ひらがなを読んだり書いたりできるようになったときのことを覚えているでしょうか。2014年に行われた年長児対象の調査（太田ほか，2018）では，濁音や半濁音を含むひらがな71文字における平均読字数は64.9文字（91.4％），平均書字数は43.0文字（60.6％）でした。年長児頃にはほとんどのひらがなが読めるようになっているようですが，書くのはそれに比べるとまだ難しいようです。

一次的ことばと二次的ことば

　ひらがなを覚えさえすれば，それでスラスラと文章が書けるかというと，そういうわけではありません。岡本（1985）は，乳幼児期から小学校低学年頃までの言葉を**一次的ことば**，それ以降に獲得される言葉を**二次的ことば**と呼びました。一次的ことばとは，生活場面の中で具体的な状況と関連して，特定の親しい人に向けられ，原則的には1対1の中で用いられる言葉のことです。こうした言葉では，たとえ子どもの説明が十分でなくても，状況や相手の知識の助けを借りながら意思を伝えることができます。一方で二次的ことばは，学校生

---

(6) 赤ちゃんの努力に興味がある人は，こちらの本も読んでみよう！
　　針生悦子（2019）『赤ちゃんはことばをどう学ぶのか』中公新書ラクレ。

テレビやビデオで言葉は育つ？

そう言えば，赤ちゃんの頃にテレビを見せると言葉の発達に悪影響って聞いたことありますけど，本当なんですかね。

うちのお母さんも，僕が小さい時にはあまりテレビを見せないようにしていたみたいだよ。

けど，赤ちゃん用の英語学習ビデオとかもありますよね。テレビが悪影響だとしたら，あれはどうなんでしょう。

　アメリカ小児科学会や日本小児科学会が相次いで乳幼児のテレビ視聴に警鐘を鳴らしたこともあり，子どもにテレビを見せるのは良くないのではないかという考えが広まりました。しかし，テレビを含むメディア視聴が子どもの発達に与える影響については，実は科学的根拠がはっきりしていませんでした。その後に行われた調査（菅原，2005）では，テレビ視聴時間が長いほど赤ちゃんの語彙が少なくなるという関係性が示されましたが，この関係性は，外で遊ぶ時間や絵本を読む時間によって説明されることも指摘されています。つまり，テレビを見ること自体が問題なのではなく，それによって外で遊んだり絵本を読んだりしなくなってしまうことの方が問題であるのかもしれません。

　また，ビデオを用いて赤ちゃんが外国語を習得できるかどうかを調べた研究では，映像や音声だけでは外国語の音は学習されず，生身の人間とのインタラクション（相互作用）が必要であることも示されています（Kuhl et al., 2003）。録画済みのビデオではなくリアルタイムに配信している動画であれば学習が行われるとも言われていましたが（Rosenberry et al., 2013），複数の研究をまとめた分析では，やはりリアルタイムの動画でも学習は損なわれることが指摘されています（Strouse & Samson, 2020）。もちろん，こうした動画の技術は今後ますます発展していくでしょうが，言葉の発達のためには，実際に外で遊んだり絵本を読み聞かせたりするようなかかわりが大切なのかもしれません。

活の中で求められるもので，現実の場面を離れ，不特定多数者に向けられ，そして会話ではなく自分からの一方向での伝達で用いられます。こうした定義を踏まえると，子どもたちが作文などを行う際には，一次的ことばだけでなく二次的ことばも使えるようにならなくてはならないと言えます。

作文の発達

　二次的ことばを獲得していくにつれ，子どもたちの書く文章も変化していきます。小学1年生が作文を書く様子を5〜11月まで継続的に観察した研究（三宅ほか，1983）では，言葉をひとりごとのように産出してから文章に起こしていく様子が報告されています。また，初めは文章全体の構想を考えたりはしませんでしたが，途中からテーマや書く順番を意識したり，読み手を考慮して表現を変えたりする様子が見られました。小学2〜6年生の作文を観察した別の研究（安西・内田，1981）では，2年生は初めに全体の構想をしっかり立てるか，あるいは思いついたままに書き連ねるかをしやすいが，3年生以降になると，テーマや書き出しだけを決め，後は文脈に従ってその場その場で計画を立てて書き進めるようになることが報告されています。作文に慣れてくるにつれて，初めにきっちり構想を考えなくても，書きながら臨機応変に文章を連ねられるようになっていくと考えられています。

引用文献

安西祐一郎・内田伸子（1981）「子どもはいかに作文を書くか？」『教育心理学研究』**29**, 323-332。

浅野和海（2012）「子どもの構音障害」『日本音響学会誌』**68**, 248-253。

Baldwin, D. A. (1991) Infants' contribution to the achievement of joint reference. *Child Development*, **62**, 875-890.

Bates, E., Camaioni, L., & Volterra, V. (1975) The acquisition of performatives prior to speech. *Merrill-Palmer Quarterly of Behavior and Development*, **21**, 205-226.

Bertoncini, J., Bijeljac-Babic, R., Blumstein, S. E., & Mehler, J. (1987) Discrimination in neonates of very short CVs. *The Journal of the Acoustical Society of America*, **82**, 31-37.

藤田早苗・小林哲生・山田武士・菅原真悟・新井庭子・新井紀子（2020）「小・中・高校生の

語彙数調査および単語親密度との関係分析」『言語処理学会第26回年次大会発表論文集』355-358。

Hayashibe, H. (1975) Word Order and Particles: A developmental study in Japanese. *Descriptive and Applied Linguistics*, **8**, 1-18.

Iverson, J. M., & Goldin-Meadow, S. (2005) Gesture paves the way for language development. *Psychological Science*, **16**, 367-371.

金重利典（2021）「言語の発達」　藤原和政・谷口弘一編『学校現場で役立つ教育心理学』北大路書房。

小山正（2006）「１語発話期後半にみられるボキャブラリー・スパートをめぐって」『コミュニケーション障害学』**23**, 113-117.

Kuhl, P. K., Stevens, E., Hayashi, A., Deguchi, T., Kiritani, S., & Iverson, P. (2006) Infants show a facilitation effect for native language phonetic perception between 6 and 12 months. *Developmental Science*, **9**, 13-21.

Kuhl, P. K., Tsao, F.-M., & Liu, H.-M. (2003) Foreign-language experience in infancy: Effects of short-term exposure and social interaction on phonetic learning. *Proceedings of the National Academy of Sciences*, **100**, 9096-9101.

Liu, H. M., Kuhl, P. K., & Tsao, F. M. (2003) An association between mothers' speech clarity and infants' speech discrimination skills. *Developmental Science*, **6**, F1-F10.

Markman, E. M. (1989) *Categorization in children: Problems of induction*. Cambridge, MA: MIT Press, Bradford Books.

Mehler, J., Jusczyk, P., Lambertz, G., Halsted, N., Bertoncini, J., & Amiel-Tison, C. (1988) A precursor of language acquisition in young infants. *Cognition*, **29**, 143-178.

三宅和夫・村井潤一・波多野誼余夫・高橋惠子編（1983）『児童心理学ハンドブック』金子書房。

Mumford, K. H., & Kita, S. (2016) At 10-12 Months, Pointing Gesture Handedness Predicts the Size of Receptive Vocabularies. *Infancy*, **21**, 751-765.

野田雅子・岩村由美子・内藤啓子・飛鳥井きよみ（1969）「幼児の構音能力に関する研究」『日本総合愛育研究所紀要』**4**, 153-170。

荻原廣（2016）「大学４年生の日本語の使用語彙は平均約３万語，理解語彙は平均約４万５千語」『京都語文』**23**, 276-298。

太田静佳・宇野彰・猪俣朋恵（2018）「幼稚園年長児におけるひらがな読み書きの習得度」『音声言語医学』**59**, 9-15。

岡本夏木（1985）『ことばと発達』岩波新書。

Ramirez, N. F., Lytle, S. R., & Kuhl, P. K. (2020) Parent coaching increases conversational turns and advances infant language development. *Proceedings of the National Academy of Sciences*, **117**, 3484-3491.

Rosenberry, S., Hirsh-Pasek, K., & Golinkoff, R. M. (2013) Skype me! Socially contingent inter-actions help toddlers learn language. *Child Development*, **85**, 956-970.

Strouse, G. A., & Samson, J. E. (2021) Learning from video: A meta-analysis of the video deficit in children ages 0 to 6 years. *Child Development*, **92**, e20-e38.

菅原ますみ（2005）「乳児期の心身の発達とメディア接触」『"子どもに良い放送" プロジェクト　フォローアップ調査中間報告　第2回調査報告書』34-49。

トマセロ，マイケル／大堀寿夫・中澤恒子・西村義樹・本多啓訳（2006）『心とことばの起源をさぐる』勁草書房。

Tomasello, M., & Barton, M. E. (1994) Learning words in nonostensive contexts. *Developmental Psychology*, **30**, 639-650.

Vilain, A., Dole, M., Lœvenbruck, H., Pascalis, O., & Schwartz, J. (2019) The role of production abilities in the perception of consonant category in infants. *Developmental Science*, **22**, e12830.

「言語発達」を広く学びたい方はこちら！
岩立志津夫・小椋たみ子編（2017）『よくわかる言語発達』ミネルヴァ書房。
　言語発達について，古典的な研究から最新の知見まで幅広く，かつわかりやすくまとめられたテキスト。ひとつのトピックについて見開きでまとめられているため，気になるところだけでも学ぶことができます。
秦野悦子・高橋登編（2017）『言語発達とその支援』ミネルヴァ書房。
　言語発達についての理論や研究だけでなく，その支援についても丁寧に解説されているテキスト。理論と支援を統合的に学ぶことで，言語発達のプロセスについてより深く知ることができます。

第5章
「気づいたら知っている」のはどうして？
──概念・素朴概念・インフォーマルな学習──

ダイアローグ

後輩さんは犬と猫の区別っていつからできた？

 えーっと，いつでしょう。気づいたらわかっていましたね。

"気づいたらわかっている"というのはどういうことだろうね。

 難しいですね……子どもたちの世界をのぞいてみたいです！

1 概念・知識
私たちは，なぜ初めてみた犬でも「犬」だとわかるの？

概念とは

　大人になると，それが何なのかまったくわからないものに出会う機会は少なくなります。犬を見れば，たとえその犬が自分の飼っている犬と色，形や大きさが異なっていたとしても，また，その犬が服を着ていたとしても，私たちはそれが「犬」だとすぐにわかります。なぜ「犬」だとわかるのでしょうか。このような認識の背後には**概念の形成**があります。つまり，私たちには「犬」という概念がすでに形成されているため，初めて見た犬でも「犬」だとわかるのです。

　概念とは，どのようなものなのでしょうか。概念は，個々の事物や事象に共

通する性質を抽出してまとめたものと考えられています。そして，概念は，**内包**と**外延**から構成されています。内包とは，ある事物・事象がその概念に含まれるか否かを決定する性質群であり，その概念の意味内容のことです。たとえば，「犬」という概念の場合には，「4本足」「ワンワン吠える」「毛がある」「動物である」などの共通する特徴がこれにあたります。外延とは，その概念に含まれる事物・事象の集合であり，その概念の適用範囲にあたります。たとえば，「犬」という概念には，柴犬，チワワ，トイプードルなどを含むことがこれにあたります。このように，内包と外延によって概念は構成され，その概念を代表する「語」（この場合は犬）を用いて私たちは思考し，他者への情報伝達を行っています。

概念とカテゴリー化

概念を考える上では，**カテゴリー化**が必要不可欠になります。日常の中には非常に多くの対象が存在していますが，私たちはそれらをうまく分類，整理することで効率的に情報処理を行います。これはつまり，私たちがカテゴリー化を行い，概念を形成していることを意味しているのです。カテゴリー化とは，複数の事物どうしや複数の事象どうしを等価なものとしてひとつにまとめること（清水，1983）であり，そのまとまりを**カテゴリー**と言います。

私たちは，何のためにカテゴリー化するのでしょう。ひとつは，カテゴリー化によって，日常を単純化し，記憶の負担を減らして情報処理を効率化させるためです。もうひとつは，未知の対象に対する推論があげられます。たとえば，未知の生物Xが鳥類に属することがわかればどうでしょう。私たちは鳥に関する一般的知識（概念的知識）を用いることにより，未知の対象の性質を推測して理解することができるのです。

知識と概念

私たちは生まれてから実に多くの知識を獲得していきます。大人になっても知識は獲得され続けます。私たちがもつ最もシンプルな知識は事実の知識（宣

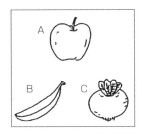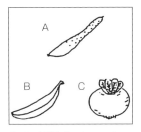

図5-1　リンゴの仲間とキュウリの仲間（桜井, 1998）

言的知識）です。たとえば「昨日は星がきれいだった」というような特定の事
実のみを表す知識です。これが，積み重なり，組み合わさっていくと共通の
ルールのようなものが見えてくることがあります。たとえば，「5月20日は星
が見えなかった」「5月21日は雨だった」「5月25日は星がきれいだった」「5
月26日は晴れだった」「今日は星が……」と事実の知識が積み重なることで
「星がきれいな夜は（おおむね）次の日天気が良い」と言うことができます。こ
れが**概念的知識**であり，複数の事実の知識が学習や試行錯誤を繰り返すことで
抽象化，体系化，構造化されて，広範囲に適用できるようになる知識のことを
言います。

概念の形成

　私たちは猫を「犬」だとは思いません。子どもはどうでしょう。2～4歳ご
ろの子どもは，自分が飼っている犬のルイは犬ではなく「ルイ」であったり，
犬に類似した猫も熊も「犬」だと思ったりします。つまり，大人が用いる概念
とは少し異なる前概念の段階にあるのです。また，幼児は概念を用いて思考す
ることがまだ難しく，日常の経験を通じて身近なことから次第に概念を形成し
ていきます。この時，幼児は主に知覚的な類似性を利用してカテゴリー化を行
います（Rosch & Mervis, 1975）。一例として，図5-1の絵カードを見てくださ
い。年長児にこれらの絵カードを提示して「Aの仲間はBとCのどちらです
か」と尋ねると，年長児の大半はリンゴの仲間をカブ，キュウリの仲間をバナ
ナと選択します。

カテゴリー化による概念は階層構造をもっており，基礎レベル，下位レベル，上位レベルに分かれます（Rosch et al., 1976）。たとえば，「犬」は基礎レベル，「チワワ」は下位レベル，「動物」は上位レベルに位置づきます。知覚的な類似性は主に基礎レベルのカテゴリー化において重要な手がかりとなり，幼児はそれらを利用して概念を形成していきます。また，言葉の発達が概念形成を促進することもわかっています。言葉を獲得する以前の子どもは，知覚的な経験の積み重ねによって概念を形成しますが，2歳ごろになり言葉を獲得して使いこなせるようになると，幼児は自ら内包や外延を確かめて概念形成を促進させます。つまり，言葉は概念の階層を決定する有用な手がかりとなり，概念は言葉によって次第に組織化されていくのです。

2 いつの間にか身についている知識
素朴概念

素朴概念とは

　どこで習ったでもなく気づいたら知っていることはないでしょうか。日常的な経験を通して自然発生的に獲得される概念は素朴概念と言います。素朴概念はまとまった知識を構築しており，乏しいなりに知識の説明を行える体系化されたものになります。しかし，一般的な概念（科学概念）とは一致しないものが多く，科学的に正しいものばかりとは限りません。とくに，幼児がもつ概念は，直感的に正しいと感じられた理解しやすいものであるため，誤っている場合も多くあります。

　素朴概念には，3つの特徴があります（Wellman, 1990）。第1は，個々の知識が矛盾なく関係づけられている首尾一貫性です。第2は，生物と無生物を区別することができるといった存在論的区別です。そして第3は，因果的説明の枠組みをもつことができるといった固有の因果性です。これまでに，素朴物理学，素朴生物学，素朴心理学が，幼児期に獲得されていることがわかっていま

す。「素朴心理学（心の理論）」は，第6章の中で説明しているため，ここでは素朴生物学と素朴物理学を取り上げます。

素朴生物学

「コップがねんねしている」「くつが踏まれてかわいそう」，乳幼児はこのような表現をしばしば用います。これは，**アニミズム**と言い，この頃の子どもは，太陽や車などの無生物にも生命があると考えるためこのように表現します。この傾向は5〜6歳になるとかなり減少し，幼児は次第に"生物は成長して栄養を取る"，"生物は自力で動くことができる"など，生物だけの特徴，つまり生物と無生物を区別する枠組み（存在論的区別）をもつようになっていきます。

幼児の日常からはさまざまな素朴生物学の事例がみてとれます。

　　いとちゃんは6歳の誕生日に花束をもらいました。花瓶に飾って毎日水を変えていましたが，だんだんと花がしおれてきました。ある日，花束の入った花瓶がお庭に置いてありました。「どうしてお庭に花瓶が置いてあるの？」とお母さんが尋ねると，いとちゃんは「お花たちの元気がないからおひさまの光で元気にしようとしているの」と答えました。

事例からは，お水でダメなら日の光といういとちゃんなりの理論を垣間見ることができます。つまり，いとちゃんはすでに自分なりの植物に関する素朴概念をもっていることがうかがえます。このような動物と植物を統合した生物概念も5歳ごろに獲得されていくことがわかっています（Inagaki & Hatano, 1996）。

一方で，幼児の素朴生物学は素朴というだけあって5つの弱点もあげられます（稲垣，2011）。第1は事実に対する知識が限られていること，第2は生物現象に対して生物学的推論を適用する範囲が限られていること，第3は複雑で階層的に体制化された生物学的カテゴリーに基づく推論が欠如していること，第4は機械的因果（生物学的メカニズムによってその現象が引き起こされるとする考え，たとえば，毎日食事をするのは胃腸の中で食べ物の形を変えて体内に取り入れるためな

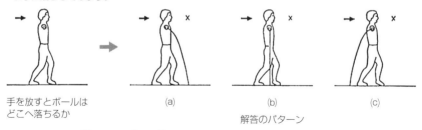

ボールを持って一定速度で歩いている人がある地点で手からボールを離した場合，ボールはどのように落ちるでしょう。

手を放すとボールは
どこへ落ちるか　　　　　　(a)　　　　　　　(b)　　　　　　　(c)

解答のパターン

図5-2　ボール落とし問題（McCloskey et al., 1983を修正）

どの知識）が欠如していること，そして，第5は科学的生物学における基本的な概念（たとえば，光合成について）が欠如していること，です。第1と2は小学校低学年になり，知識が増大することによって克服できます。第3，4，5は，生物学的知識の大規模な再構造化（**概念変化**）や学校教育における体系的な学びが必要と考えられています。

素朴物理学

「手を離すとボールは落ちる」など，素朴物理学についても幼児は日常的な経験を通して自分なりの理論を獲得していきます。一連の研究では，4か月児でも物体の動きは変わらないといった連続性や，物体は他の物体を通り抜けることはできないといった個体性の理解（首尾一貫性）を比較的容易に行えることがわかっています（Spelke et al., 1992）。また，原因と結果の枠組み（固有の因果性），たとえば，ボールが動くためには，投げる，蹴るといった外的で直接的な力の作用が不可欠である，といった理解は，10か月児でも可能であり（Oakes & Cohen, 1990），乳児の研究が進むにつれて，早い段階から子どもはいくつかの素朴物理学を理解していることがわかっています。

　一方で，学校教育によって科学的概念を習得した後も，素朴概念が修正されにくい場合があることも知られています。図5-2を考えてみてください。

　正解は(a)です。これは，慣性の法則に関する問題になりますが，たとえこの法則を理解していても，大学生のほぼ半数は(b)と誤ってしまいます。このよう

に，科学的知識を学んでも正しい知識は簡単には身につかず，特に物理領域では素朴概念が大人になっても根強く残っている場合が多くあるようです。

3 インフォーマルな学習
お風呂で100まで数えることができた？

インフォーマルな学習とは

　乳幼児は，虫取りや鬼ごっこなど遊びの中でさまざまな知識やルールを身につけ，それぞれの領域に関する知識（**領域固有の知識**）や，一連の手順（**スクリプト**）を獲得していきます。このように，経験を通して身についた知識や学びは**インフォーマルな学習**と言います。これらの知識はあくまで日常の範囲内で身につけたものであるため，領域を超えて適用することは難しい場合もあります。これに対して，学校教育で獲得した知識は科学的概念であり，このような体系だった教育は**フォーマルな学習**と言います。フォーマルな学習では，できるだけ一般化された適用範囲の広い知識を学習します。学習した内容は，その領域だけで使用するのではなく，他の領域にも広く応用可能なものとなることが期待されます。

　インフォーマルな学習の中でも，数量に関する知識は**インフォーマルな算数の知識**（丸山・無藤，1997）と言い，学校教育で獲得するフォーマル算数とは区別されます。インフォーマルな算数の知識は断片的で非体系的であり，フォーマルな知識と矛盾することもありますが，その後の学習における数量理解の基礎になる重要な概念とされています。

数の概念

　子どもが数に触れる機会は実に多くあります。何歳かと尋ねられて人差し指を立てたり，お風呂で数を数えたりすることはほとんどの子どもが経験してきたと思います。園生活でも，「今日は7月7日，七夕です」，「折り紙を3枚ず

つ取りましょう」など，数は頻繁に用いられ，また，絵本や歌にも数に関する表現は多く含まれます。このように，数は私たちの生活のあらゆる場面で用いられ，子どもは小学校で算数を学ぶ以前から数に関する多くの知識や技能を経験的に身につけています。

　幼児期から児童期にかけての数概念の発達は，ピアジェの保存概念によって説明されました（第3章参照）。前操作期にあたる幼児期は，数の判断がみかけに左右されやすい特徴があります。ピアジェ以降の研究では，数の理解には多くの側面があることや乳児期の早い段階からいくつかの数量認識をもっていることなどもわかっています。たとえば，新生児は3までであれば数の違いを区別できること（Antell & Keating, 1983），5か月児も 1＋1＝2 や 2－1＝1 といった，たし算ひき算のような計算ができることがあげられます（Wynn, 1992）。

数を数える

　子どもは2歳ごろには「いち」「に」「さん」といった数詞を使うようになり，3歳ごろには10ぐらいまでの数を数えられるようになります。しかし，この段階では数を独立したものとして理解しているというより，お経のように1つのまとまりとしてとらえています。そのため，数を1つ飛ばして言ったり，「7の次は何？」と尋ねられると答えられなかったりします。たとえ幼児がお風呂で100まで数えられたとしても，"100は10が10個集まってできるもの"という数の本質を理解しているとは限りません。また，幼児は単に数を数えることができるようになるだけでなく，たとえば，階段を上りながら段数を数えるといったように，覚えた数詞をモノに1つずつ対応させることで，いくつあるかを数えることができます。モノの数を数えることは**計数**と言い，数を理解するためには計数の理解が重要になります。

　計数には5つの原理があります（Gelman & Gallistel, 1978）。第1は，1対1対応の原理です。これは，ひとつのモノに対してひとつの数詞を割り当てることで，たとえば，飛ばして数えたり，2回数えてはならないとわかることです。第2は，安定順序の原理です。これは，計数が常に同じ順序で配列されること

です。たとえば，幼児がいつも「いち，に，さん，ご，はち」と数える場合，数詞は間違っているが安定順序の原理はわかっていることになります。第3は，基数の原理です。これは，ある対象を数えたときに最後の数がその集合の大きさを示すこと，「いち，に，さん」と数えた場合には3が全体の数とわかることです。第4は，抽象の原理で，どんなモノでも同じように数えることができるということです。たとえば，積み木であろうとチャイムの音であろうと数えられるとわかることです。そして，第5は，順序無関係の原理です。これは，どこから数えても順序は関係ないということ，たとえば，3つ並んだモノは真ん中から数えても右から数えても数は同じだとわかることです。

　これらの原理について，幼児は，3以下の数であれば，1対1対応と基数については2歳ごろ，安定順序については3歳ごろ，順序無関係については4歳ごろから用いることができます。ただし，数が大きくなるとうまく用いることができず，全部数え終わった後に「いくつだった？」と尋ねてもまた1から数え直したりします。このように幼児期の計数原理の使用はまだ十分とはいえません。とはいえ，乳児期では数の区別や小さな数の計算などが可能になり，幼児期は数詞を順序通りに唱えることができる数唱や計算といった数の基本的理解や，足し算引き算をさまざまな計算方略を用いて行えるようになります。つまり，乳幼児期の段階で子どもたちは基礎的な数の概念をすでに身につけているのです。

考えてみよう！

① 図5-2の素朴物理学の解答を間違った人にどのような説明をすると正しい科学的概念が得られるでしょうか？

② 数の理解を促す保育指導としてどのようなものが考えられるでしょうか？

③ 保育園や幼稚園と小学校の生活の違いを表にして比較してみましょう！

4 乳幼児期の学びと認知発達
小学生になるまでにどんなことを身につけているの？

乳幼児期の認知発達

　認知発達の観点からは，乳児期には，コアノリッジというその後の発達の核となるシステムが形成されると考えられています。コアノリッジの領域は主に，対象物，行為，数，空間そして社会的相互作用といった5つであり，これらは，新たなシステムを構築するための基礎となる独立した中核的な知識システムと考えられています（Spelke & Kinzler, 2007）。

　幼児期は，乳児期のように生まれながらにもっている生得的な仕組みを基礎として世界と関わるのではなく，社会との相互作用の中で，学校教育に通じるための学習の基礎的な知識を構築していきます。つまり幼児期は，それ以降の認知能力を発達させる基礎的な役割を担う重要な時期と位置づけられます。たとえば，素朴概念の発達には，空間，時間，物質，因果性，数，論理，素朴生物学，素朴心理学，素朴物理学，言語，といった人間の経験を構成する枠組みが幼児期にかけて獲得されることが基礎となります（Pinker, 2007）。このように，乳児期から幼児期にかけての認知発達は大きな変化がみられるのです。[1]

　ところで，乳幼児はどのように知識を獲得していくのでしょうか。すでに述べたように，乳幼児は遊びや経験を通して多くのことを学びます。活動を通してモノや人とのかかわりを楽しみ，深め，それが結果的に無自覚に学んでいることにつながっているといえます。そのため，"気づいたら知っている"と思うことが多くあるのです。それに対して，小学校では目標を意識した自覚的な学びともいえるでしょう。

---

(1) 興味がある人は，こちらの本も読んでみよう！
　　ゴスワミ，U./岩男卓実ほか訳（2003）『子どもの認知発達』新曜社。

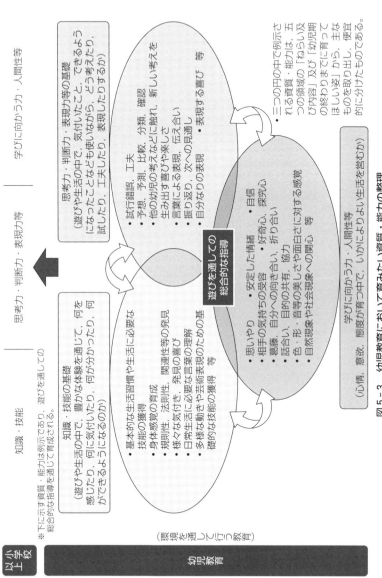

図5-3 幼児教育において育みたい資質・能力の整理

（文部科学省，中央教育審議会初等中等教育分科会教育課程部会幼児教育部会資料，2016）

3つの柱と10の姿

　小学生になるまでに子どもが身につけていることを考えてみましょう。日本では，幼児のほとんどが就学前に保育所，幼稚園，認定こども園に通います。保育者は国が定める「保育所保育指針」「幼稚園教育要領」「幼保連携型認定こども園教育・保育要領」に基づいて子どもたちに保育や教育を行います。2017年に改訂された新しい指針・要領等には「**幼稚園教育**において**育みたい資質・能力**」（3つの柱）や「**幼児期の終わりまでに育ってほしい姿**」（10の姿）が記載されました。

　3つの柱とは「知識・技能の基礎」「思考力・判断力・表現力等の基礎」「学びに向かう力・人間性等」であり，これらは小学校以降の学校教育と共通の事項になります（図5-3参照）。保育所，幼稚園，認定こども園は，この柱を意識して幼児教育を行い，就学後の教育に接続するよう設計されています。

　10の姿は，①健康な心と体，②自立心，③協同性，④道徳性・規範意識の芽生え，⑤社会生活との関わり，⑥思考力の芽生え，⑦自然との関わり・生命尊重，⑧数量や図形，標識や文字などへの関心・感覚，⑨言葉による伝え合い，⑩豊かな感性と表現，になります。つまり，幼児期ではこれらの要素を意識して，遊びを通した総合的な指導を行うことで，小学校に向けた基礎を作ることにつなげようとしているのです。言い換えると，乳幼児期を通して子どもはこれだけの要素を経験から学び，知識として深めていくといえます。

　本章では，小学校に入るまでの子どもが日常の中で経験から学んでいることについて，概念を中心に取り上げました。遊びを通して自然に身についた多くの知識は，小学校でのより深い学びへとつながっていく重要なものばかりです。毎日楽しく遊んでいる子どもたちですが，そこには無限の学びが広がっていることをわかっていただけたのではないでしょうか。

5　お手伝いは良いことづくし！

後輩さんは子どものころお手伝いをしていたかな？　実は，お手伝いは子どもの学びにとって良いことづくしなんだよね！

 あまりしなかったですね……どんな良いことがあるんですか？

　お手伝いは認知発達の観点からみても，日常の中で概念やルールを獲得する絶好の機会といえます。たとえば，料理を通して野菜や果物の名前や特性について経験的に学べます。"自分が切ったから"と嫌いな野菜も克服できるでしょう。おつかいは，売り場自体が野菜コーナーや肉コーナーとカテゴリー分けされており，欲しいモノがどこにあるかを推測する実践の場となります。カゴに欲しいモノを入れて会計をしてと一連の買い物スクリプトも学べます。支払い方法も多様化しているため，いろいろなお店で買い物をすると経験値が上がるでしょう。お手伝いが子どもの**実行機能**（目標志向的な思考，行動，情動の制御）の発達を促すという研究（Tepper et al., 2022）もあります。そして，"ありがとう"と感謝されることで達成感や自信も得られます。つまり，お手伝いは就学後の勉強に通じる知識のみならず，人との関わりから生きる力まで多様な学びの要素を含んでいるのです。親は"お願いすると逆に大変だし……"と思ってしまいがちですが，こんな良いことづくしの機会を逃すのはもったいない！　幼児期から積極的にお願いしたい経験です。

引用文献

Antell, S., & Keating, D. P. (1983) Perception of numerical invariance in neonates. *Child Development*, **54**, 695-701.

Gelman, R., & Gallistel, C. R. (1978) *The children's understanding of number*. Harvard University Press.

稲垣佳世子（2011）「生物学の領域における概念変化」『心理学評論』**54**(3), 232-248。

Inagaki, K., & Hatano, G. (1996) Young children's recognition of commonalities between animals and plants. *Child Development*, **67**, 2823-2840.

丸山良平・無藤隆（1997）「幼児のインフォーマル算数について」『発達心理学研究』 **8**(2),

98-110。

McCloskey, M., Washburn, A., & Felch, L. (1983) Intuitive physics: The straight-down belief and its origin. *Journal of Experimental Psychology: Learning, Memory, and Cognition*, **9**, 636-649.

文部科学省「幼児教育において育みたい資質・能力の整理」https://www.mext.go.jp/b_menu /shingi/chukyo/chukyo3/057/sonota/__icsFiles/afieldfile/2016/09/12/1377007_01_4.pdf （2022年6月17日閲覧）

Oakes, L. M., & Cohen, L. B. (1990) Infant perception of a causal event. *Cognitive Development*, **5**, 193-207.

Pinker, S. (2007) The stuff of thought: Language as a window into human nature. Penguin books（ピンカー，S.／幾島幸子・桜内篤子訳（2009）『思考する言語（中）――「ことばの意味」から人間性に迫る』日本放送出版協会）.

Rosch, E., & Mervis, C. B. (1975) Family resemblances: Studies in the internal structure of categories. *Cognitive Psychology*, **7**, 573-605.

Rosch, E., Mervis, C. B., Gray, W. D., Johnson, M. D., & Boyes-Braem, P. (1976) Basic objects in natural categories. *Cognitive Psychology*, **8**, 382-439.

桜井登世子（1998）「カテゴリー化の心理学」『幼児における物の見え方の発達と学習』風間書房。

清水御代明（1983）「概念的思考」坂元昂編『現代基礎心理学講座7 思考・知能・言語』東京大学出版会。

Spelke, E. S., Breinlinger, K., Macomber, J., & Jacobson, K. (1992) Origins of knowledge. *Psychological Review*, **99**, 605-632.

Spelke, E. S., & Kinzler, K. D. (2007) Core knowledge. *Developmental Science*, **10**, 89-96.

Tepper, D. L., Howell, T. J., & Bennett, P. C. (2022) Executive functions and household chores: Does engagement in chores predict children's cognition? *Australian Occupational Therapy Journal*, 1-14.

Wellman, H. M. (1990) *The child's theory of mind*. MIT Press.

Wynn, K. (1992) Addition and subtraction by human infants. *Nature*, **358**, 749-750.

「児童期までの発達の概観」を広く学びたい方はこちら！

無藤隆・清水益治編（2009）『新 保育ライブラリ 子どもを知る 保育心理学』北大路書房。
　心理学の理論に基づいて乳幼児の保育・幼児教育を解説しているテキスト。幼稚園教諭や保育士を目指す学生向けの1冊です。

高橋惠子・湯川良三・安藤寿康・秋山弘子編（2012）『発達科学入門2 胎児期〜児童期』東

京大学出版会。

胎児期から児童期までの人間の諸発達について発達科学という視点から研究を中心にまとめられています。発達心理学の概論を知った上で読むと理解が深まります。全 3 巻シリーズ（第 1 巻『理論と方法』，第 3 巻『青年期〜後期高齢期』）の第 2 巻。

第6章
「人の気持ちがわかる」って何だろう？
──社会性の発達──

....

このあいだ小学校に教育実習に行ったんですけど，その時，1年生の子が，泣いている別の子を見て，「どうしたの？　大丈夫？」って声をかけて，一緒に先生のところに連れていってました。あんな小さい頃から，人の気持ちがわかって，思いやりをもっているってすごいなって思いました。

素敵なエピソードだね。ところで後輩さんは，そういった「人の気持ちがわかる」とか「思いやり」というのは，何歳くらいからできると思う？

え？　ん〜……難しいですね。

そもそも，子どもが「人の気持ちがわかっている」ってどうやったらわかるんだろう？

何ですかその哲学っぽい質問。でも確かに，「人の気持ちがわかる」ってどうやったらわかるんでしょうかね……。

1 人の「心」はいつからわかるのか？　心の理論

「人の気持ちがわかる」ということ

　私たちは日々，人の気持ちについて考えています。時に不用意な一言で怒ら

せたり，サプライズプレゼントで喜ばせようとしたりします。とくに教育場面
では，「人の気持ちがわかる」ことが目標として挙げられることがあります。
しかし，「人の気持ちがわかる」とはどういうことかと尋ねられると，なかな
かうまく答えることができません。この章では，「人の気持ちがわかる」とい
う現象について，「心の理論」「嘘」「道徳性（判断）」「向社会的行動」「共感」
をキーワードに読み解いていきます。

「心の理論」とは

　どのようにすれば「人が何を感じ，考えているのか」がわかっているかを調
べられるでしょうか。心理学では，この点を考える手がかりとして，「**心の理
論 (Theory of Mind)**」という考え方があります。もともとは，人間以外の動物
も他人の心を理解しているか，ということを考えるための概念として，プレマ
ックとウッドルフという研究者によって提案されたものでした（Premack &
Woodruff, 1978)。目に見えない「心」を想定して自分や他者の行動を予測した
り説明したりできる場合に，その人は「心の理論」をもっている，と言います。
　では，どうやったらある人が「心の理論」をもっているかどうかを調べるこ
とができるのでしょうか。そこで考案された実験に，「**誤信念課題 (False belief
task)**」というものがあります（Wimmer & Perner, 1983)。登場人物の名前をと
って，マクシ課題やサリー・アン課題と呼ばれたりしますが，全体的な課題の
構造は以下の通りです。

・サリーは，ボールを〈かご〉に置きます。
・サリーがいない時に，アンがやってきて，ボールを〈箱〉に移動させます
　（アンはいなくなります）。
・サリーが戻ってきました。

　このようなストーリーを子どもに聞かせた後，子どもに「サリーはボールを
探しに〈かご〉と〈箱〉のどちらに行くか」と質問します。答えは〈かご〉で

すね。それは，サリーは〈かご〉にボールがあると「間違って（誤って）」信じているからです。ここで重要なことは，ストーリーを聞いている人（子ども）は，「実際にはボールが〈箱〉にある」ことを知っていることです。自分が心の中で思い描いている世界とサリーが（誤って）心の中で思い描いている世界を区別し，サリーの「心の世界」に基づいてサリーがどちらを探すかを予想し，説明します（後述の図6‐1の左図参照）。したがって，子どもが「自分が実際に知っている〈箱〉」ではなく，「サリーが誤って信じている〈かご〉」にボールを探しに行く，と答えられれば，その子どもは「心の理論」をもっている，ということができそうです。[1]

　では，子どもはいつから「心の理論」をもつようになるのか，言い換えると，子どもはいつからサリーは〈かご〉にボールを探しに行くと答えるようになるのでしょうか。さまざまなデータがあるのですが，おおよそ4歳ごろから誤信念課題に正解できる，つまり〈かご〉と答えられるようになるようです（パーナー，2006）。[2]

二次的な心の理論

　4歳以降に「心の理論」を獲得した後，そこで「心の理解」の成長は終わる

---

(1)　マクシ課題やサリー・アン課題は，他者の心を理解する課題と言えますが，自分の心について理解する課題も考案されています。一般的なお菓子の入れ物（例：チョコレート）にお菓子ではない別の物（例：鉛筆）を入れておいて，子どもに何が入っているかを尋ね（チョコレートと言います），実際には違う中身が入っていることを見せた後，「最初に何が入っていると思っていたか」を尋ねます。ここでもまた，4歳ごろから，「（自分が最初に間違って思い描いていた）チョコレート」と答えられるようになるようです（詳細については，郷式（2005）などを参照）。

(2)　誤信念課題に正答できないということを「心の理論」をもっていないと解釈するのかは，研究者間でも議論のあるところです。とくに，誤信念課題は実行機能と関連することが報告されています（林，2016参照）。また，3歳以前（乳幼児期）にも「心の理論」とはまた違ったタイプの「心の理解」は存在しています（簡単な紹介として，近藤（2020）参照）。

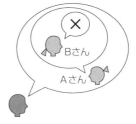

図6-1　一次的な心の理論（左）と二次的な心の理論（右）の違い
（林，2013より一部修正して使用）

のかと言えば，そんなことはありません。児童期（6歳ぐらい）から，複雑な「心の理論」をもつようになります。それは，「ある人が別の人の心の世界をどのように思っているか」を考えるという「入れ子構造」をもつようになります。発達研究の分野では，このような「入れ子構造」をもった「心の理論」を「**二次的な心の理論**」や「**二次的な信念**」と呼びます。「二次的な心の理論」をもっているかどうかを調べるためにも，先ほどのような誤信念課題が用いられます。いろいろなバージョンがあるのですが，ここでは「誕生日課題」を紹介しましょう（林，2016参照）。

・A君の誕生日に，お母さんはお祝いにゲームを買っておきました。お母さんはA君を驚かそうとして，そのことを隠していました。
・A君がお母さんに，「誕生日にゲームが欲しい」と言ったところ，お母さんは「パズルを買った」と言いました。
・A君はがっかりして，外に遊びに行こうとしたところ，偶然ゲームを見つけ，お母さんが本当はゲームを買っていてくれたのだ，ということがわかります（そのことをお母さんは知りません）
・その後，おじいさんから電話があり，おじいさんがお母さんに，A君は誕生日プレゼントに何を買ってもらったと思っているのか，と聞きました。

このストーリーを子どもに聞かせた後，「お母さんはおじいさんにどう答え

るか」を尋ねます。ここでの答えは「パズル」ですが，先ほどの「一次の心の理論」では，「サリーは〈かご〉にボールがあると誤って信じている」という構造であったのに対して，ここでは「お母さんは〈A君が誕生日プレゼントはパズルだ〉と誤って信じている，と（誤って）信じている」という構造になっています（図6-1）。

　では何歳ごろからこのような「二次的な心の理論」を獲得するのか，つまり「誕生日課題」で「パズル」と正しく答えることができるのでしょうか。これもいろいろとデータはあるのですが，おおむね6〜9歳ごろからこのような課題ができるようになるようです（林，2008）。

| 考えてみよう！ |．．

　①　子どもが「相手の気持ちがわかっている」と思えるような行動にはどのようなものがあるでしょうか。具体例を考えてみてください。

2　嘘の発達
　嘘をつくって難しい？

嘘 と は

突然ですが，「嘘」とは何でしょうか。ここでは「嘘」の条件として3つを挙げておきたいと思います（林，2016参照）。

　①　本当ではないことを言っている
　②　言っている本人が，言っていることが本当ではないことがわかっている
　③　相手に，自分が言っていることが本当だ，と思わせようとしている

「嘘をついてはいけない」とよく言われますが，実は「嘘をつく」には相手

の心を理解すること，自分の心を隠すことなど，高度な能力が必要とされます。実際，「嘘」をつく必要があるゲームのような実験で，年少児が嘘をつく割合は比較的低く，年中児から年長児にかけてその割合が向上することも報告されています（瓜生，2007）。この時期は「心の理論」の獲得時期とも一致しており，「嘘をつく」には，相手の心を想像する力が必要であることがわかります。⁽³⁾

複雑な嘘――皮肉・いやみ・ホワイトライ

「本当ではないこと」を言ったとしても，必ずしも相手に「本当である」と思わせないような「嘘」もあります。皮肉やいやみといったものは，これに当たります。また，嘘の中には，相手を傷つけるのではなく，むしろ相手を気遣うためにつく嘘もあります。そのような相手を気遣う嘘のことを「**ホワイトライ**（white lie）」と言ったりします。このような複雑な形の「嘘」，すなわち皮肉やいやみ（子安ほか，1998），ホワイトライ（Hayashi & Shiomi, 2015）が理解できるのは，幼児期には難しく，児童期に入ってからのようです。上記のような複雑な嘘には，「ある人の心について別のある人がどのように考えているか」を想像する「二次的な心の理論」の発達との関連性が示唆されます。複雑な人間関係の中で，時に本当のことを言い，時に（あえて）嘘を言う，という使い分けをするには，高度な「心の理論」が必要であると言えます。

---

(3)　瓜生（2007）では，誤信念課題に正答するよりも先に嘘をつく課題に正答できることが報告されており，「心の理論」に先立って「嘘をつく」行為が可能になることを示唆しています。抽象的な課題で他者の心を考える場合と，より日常生活に近い具体的な課題で他者の心を考える場合で違いがある可能性があります。

3 【道徳性の発達】 善悪をどうやって判断するのか？

道徳性とは

　私たちは自分や他の人の言動を「よいもの」「わるいもの」といった善悪，あるいは「正しいこと」「不正なこと」といった正義・公正といった視点から判断します。幼い子どものやりとりの中でも「いけないんだ〜，先生に言ってやろ〜」といった会話が聞かれます。こういった「善―悪」「公正―不正」といった判断をすることを道徳性，あるいは道徳性判断と言います。では，子どもはいつから「道徳性判断」ができるのでしょうか。

道徳性（判断）の発達

　子どもがどのような基準で「善―悪」を判断するかを検討するには，子どもに「道徳的なお話」を聞かせて，それについてどう思うかを尋ねるという方法が有効です。ピアジェ（第3章参照）は，「男の子がドアの後ろにコップがあると知らずにドアを開けてしまい，15個のコップを割ってしまった」というお話と「男の子が戸棚の中にあるジャムをこっそり食べようとして無理をした時にコップを1個割ってしまった」というお話を子どもに聞かせて，「どちらの子どものほうが悪いか」（そしてそれはなぜか）などの質問を行いました。その結果，「15個」という被害の大きさの「客観的責任」（結果の責任）に着目して最初のお話の男の子を「悪い」と判断する回答と，「盗み食いをしようとしたから」という「主観的責任」（動機の責任）に着目して2番目のお話の男の子を「悪い」と判断する回答，に大きく分かれました。おおよその年齢範囲としては，客観的責任に着目するのは7歳ごろ，主観的責任に着目するのは9歳ごろであると報告されています（ピアジェ，1956）。6〜10歳ごろの間に，「見た目の被害の大きさから善悪を判断する」段階から「その人の内面（動機や意図）を考慮して善悪を判断する」段階へと移行していく，ということですね。

表6-1　コールバーグの道徳性（判断）の発達段階（コールバーグ，1985参照）

水　準	段　階	名　称	特　徴
慣習的水準以前 （人から叱られたり，ご褒美をもらえたりといった視点から善悪について判断する）	第1段階	罰と服従への志向	・罰を避けて，力のある人に対して服従する
	第2段階	道具主義的な相対主義志向	・自分の欲求や他人の欲求を満たすことが正しい行為であるとする
慣習的水準 （個人的な期待や社会秩序に同調し，あるいは積極的に維持していこうとする）	第3段階	対人的同調あるいは「よいこ」志向	・他人を喜ばせたり，肯定されるようなことがよい行為であるとする ・多数派の行動といった慣習化されたイメージに同調する
	第4段階	「法と秩序」志向	・すでにある社会秩序を維持していくことが正しい行為であるとする ・権威や規則，社会秩序の維持へと向かう
慣習的水準以降：自律的・原理化された水準 （道徳的な価値や原理とは何かについて定義するよう努力していく）	第5段階	社会契約的な法律志向	・一般的な個人の権利や社会全体によって検討された結果一致した規準によって定められたものが正しい行為であるとする ・価値観は相対的なものであると意識し，一致に達するための手続きを強調する
	第6段階	普遍的な倫理的原理の志向	・正しさとは，普遍性や一貫性など，自分で選択した「倫理的な原理」に従う良心によって定められるとする ・人間の尊厳の尊重という普遍的な諸原理を用いる

　このピアジェの考えを拡張して，より詳しい発達段階を理論化したのが，コールバーグでした（コールバーグ，1985）。コールバーグは，「ハインツという人の妻が病気で高価な薬が必要だが，ハインツにはその薬を買うお金がない。そこでやむなく，ハインツは薬を盗んだ」というお話（ハインツのジレンマ）を子どもに聞かせます（コールバーグ＆ヒギンズ，1987参照）。ハインツの行動が許されるのか・許されないのか，またそれはなぜかの理由を子どもたちに尋ね，人の道徳性の発達に，「3水準6段階」の発達段階を見いだしました（表6-1）。

段階の名称や特徴は年代によって微妙に異なっているのですが，基本的には「親など権威のある人の言うことを聞く」段階（慣習的水準以前）から「所属集団での決め事を守る」段階（慣習的水準），そして「普遍的な道徳を求める」段階（慣習的水準以降）へと至る，いわば「人に決められた道徳」から「自ら求め，決断する道徳」へと移行していくというプロセスとなります。[4]

考えてみよう！ ....

② 子どもが示す「思いやり」の行動について，具体例を3つ，考えてみよう。

4 「思いやり」って何だろう？
向社会的行動と共感

向社会的行動と共感とは

みなさんは「思いやりのある行動」とはどのようなものだと思いますか。いろいろな特徴があるとは思いますが，(1)他人の利益になること，(2)自発的になされること，の2つが重要だと思われます（森口，2021）。このような特徴をもつ行動を，心理学領域では「向社会的行動」と呼びます。

人はなぜ，一見すると自分の損になってしまう向社会的行動をするのでしょうか。そこで鍵となるのが「共感」です。共感にはさまざまな定義があります（長谷川，2015），向社会的行動を生み出すものとしての共感は，他人の感情

---

(4) コールバーグの考え方は男性中心に考えられているのではないかという批判もあります（ギリガン，1986参照）。また，ピアジェやコールバーグの研究は幼児期以降の子どもを対象としていますが，乳幼児期にも道徳性（の萌芽）が見られるのではないかという報告（Hamlin et al., 2007）もあります。ただし乳児期の道徳性認識については批判的検討もなされているようです（概略は，森口（2014）参照）。

表6-2 ホフマンの共感的苦痛の発達モデル

時　期	共感プロセス	向社会的行動
新生児期	自分の感情と他者の感情が未分化	・反応的泣き(他の赤ちゃんが泣いていると自分も泣く)
1歳頃〜	自己中心的な共感的苦痛	・他者の苦痛に反応はするが,じっと見つめるといった反応をすることがある ・自分を慰めてもらいたいなど,自分と他者の感情の混乱が見られる
2歳頃〜	疑似自己中心的な共感的苦痛	・苦痛を感じている他者を慰めようとする ・自分を慰めるのと同じような方法で慰める(例,泣いている子どもの母親ではなく自分の母親を連れてくる) ・自分と他者の身体的な区別はできるが,独立した内面をもっているという理解までは至っていない
2歳半頃〜	本当の共感的苦痛	・他者は自分とは違う内的状態を持っていることを理解する ・自分ではなく他者に合った慰め方をする(例,自分ではなく友達が好きなぬいぐるみをもってきて友達を慰める)

(特に痛みや悲しみなど)が自分の身に起きたことのように感じ取ることとされます(森口,2021)。では,子どもはいつから向社会的行動(共感)をするようになるのでしょうか。

向社会的行動と共感の発達

　向社会的行動の発達プロセスを考える上で参考になるのが,**ホフマンのモデル**です(ホフマン,2001)。ホフマンは他者の苦痛に対する反応の発達として,「自分と他者が未分化」な状態で同じような感情になる状態から,徐々に「自分と他者は違う」ことを認識した上で共感したり向社会的行動を示したりする

---

(5) ホフマン自身は「共感プロセス」と「向社会的行動」を分けてモデル化しているわけではなく,表6-2で分けているのはわかりやすくするための便宜的なものです。また,共感と認知能力との関連についてのホフマンの議論については,菊池(2014)にまとまった記載があります。

ことができるようになる，という発達プロセスを描きました（表6-2）[5]。

　表6-2では，２歳頃の発達が示されていますが，それだけ幼い頃から共感や向社会的行動が見られます。ただし，そのあとも向社会的行動は変化・発達していきます。たとえば，だれかれ構わず向社会的行動を示す段階から特定の人（友達など）を優先して向社会的行動を示す段階へと変化したり，思春期・青年期の時期になると向社会的行動が一時的に減少したりすることが報告されています（森口，2021参照）。

　この章では，「心の理論」「嘘」「道徳性（判断）」「向社会的行動」「共感」をキーワードに，子どもの社会性の発達を見てきました。大人（教員）からすると当然のように思われる「人の気持ちがわかる」プロセスですが，子どもたちにとっては，その時期特有の「わかり方」があるということがポイントです。大人の常識や価値観を子どもに押し付けるのではなく，各年齢段階，そしてそれぞれの子どもにとって独自の「気持ちのわかり方」があるということを覚えておきましょう。それはひいては，「教員は子どもの気持ちがわかっているのか？」あるいは「どうすればわかるようになるのか？」という実践的な問いにつながっていくことと思われます。

引用文献

Gilligan, C. (1982) *In a different voice: Psychological theory and women's development.* Harvard University Press（ギリガン，C.／岩田寿美子監訳（1986）『もうひとつの声』川島書店）.

郷式徹（2005）『幼児期の自己理解の発達――３歳児はなぜ自分の誤った信念を思い出せないのか？』ナカニシヤ出版。

Hamlin, K., Wynn, K., & Bloom, P. (2007) Social evaluation by preverbal infants. *Nature*, **450**, 557-560.

長谷川寿一（2015）「共感性研究の意義と課題」『心理学評論』**58**, 411-420。

林　創（2008）『再帰的事象の認識とその発達に関する心理学的研究』風間書房。

林　創（2013）「児童期の「心の理論」――大人へとつながる時期の教育的視点をふまえて」『発達』**135**, 23-29。

COLUMN 6　「共感」は取扱注意？

先輩さん，改めて相手の気持ちになる「共感」って大事だなって思いました。

そうだね。でも実は「共感」という心理メカニズムは「いいこと」ばかりではないんだ。

　共感は向社会的行動，つまり思いやりの行動を引き起こす要因だと考えられていると述べました。しかし，共感が常に思いやり行動につながるわけでもないようです（ホフマン，2001）。たとえば相手のつらい気持ちを感じ取りすぎて，自分がつらくなり，相手を助けるよりもその状況から目を背けるという「共感の過剰喚起」と呼ばれる現象があります。また，共感は「見知らぬ人」よりも「親しい人」のほうが働きやすくなる**内集団バイアス**がありますが，そのことが人種差別や排除主義につながることがあります。さらに，共感は目の前のことに注意を集中させる「今ここでのバイアス」と呼ばれる傾向があります。いろいろなことを考慮しなければならない場合でも，自分の目の前に「かわいそう」な状況が示されると，その人にだけ共感が働き，他のことが考慮できなくなってしまいます。

　では，私たちは「共感」をどう扱えばいいでしょうか。ここで共感の2つのメカニズムに着目することが有効です。共感には，自動的で無意識的に働く「情動的共感」と，意図的で意識的に働く「認知的共感」の2つのメカニズムがあるとされています（梅田，2014）。前者は感覚レベルで「ついつい他人に同期してしまう」もの，後者は思考レベルで「他人の気持ちを考える」ものだと言えます。先ほど紹介した3つのバイアスは，程度の差はあれいずれも自動的で無意識的なプロセス，つまり「ついついそうなってしまう」という現象です。そういった無意識の偏りについて，認知的共感を働かすことで，もう少し冷静に，バランスをもった判断をすることはできるかもしれません。特に画像や動画を簡単に情報発信できる現代の情報環境では，情動的共感を引き起こしやすいです。自分たちが感じている「共感」がどのような性質のものなのかを一度振り返ってみることは大事な作業だと言えます。

林　創（2016）『子どもの社会的な心の発達——コミュニケーションのめばえと深まり』金子書房。

Hayashi, H., & Shiomi, Y. (2015) Do children understand that people selectively conceal or express emotion? *International Journal of Behavioral Development*, **39**, 1-8.

Hoffman, M. L. (2000) *Empathy and moral development: Implication for caring and justice.* Cambridge University Press（ホフマン，M. L.／菊池章夫・二宮克美訳（2001）『共感と道徳性の発達心理学』川島書店）.

菊池章夫（2014）『さらに／思いやりを科学する——向社会的行動と社会的スキル』川島書店。

Kohlberg, L. (1971) From is to ought. T. Mischel (Ed.). *Cognitive development and epistemology.* New York: Academic Press, Inc. (pp. 151-235)（コールバーグ，L.（1985）「「である」から「べきである」へ」永野重史編『道徳性の発達と教育——コールバーグ理論の展開』新曜社，pp. 1-123）.

コールバーグ，L., & ヒギンズ，A.／岩佐信道訳（1987）『道徳性の発達と道徳教育』広池学園出版部。

近藤龍彰（2020）「社会性の発達」糸井尚子・上淵寿編著『教師のための教育学シリーズ 5 教育心理学』学文社，pp. 54-67。

子安増生・西垣順子・服部敬子（1998）「絵本形式による児童期の〈心の理論〉の調査」『京都大学教育学部紀要』**44**, 1-23。

森口佑介（2014）『おさなごころを科学する——進化する乳幼児観』新曜社。

森口佑介（2021）『子どもの発達格差——将来を左右する要因は何か』PHP 研究所。

Perner, J. (1991) *Understanding the representational mind.* Cambridge, MA: MIT Press（パーナー，J.／小島康次・佐藤淳・松田真幸訳（2006）『発達する〈心の理論〉—4 歳——人の心を理解するターニングポイント』ブレーン社）.

Piaget, J. (1932) *Le jugement moral chez l'enfant.* Presses universitaires de France（ピアジェ，J.／大伴茂訳（1956）『児童道徳判断の発達』同文書院）.

Premack, D., & Woodruff, G. (1978) Does the chimpanzee have a theory of mind? *Behavioral and Brain Sciences*, **1**, 515-526.

梅田聡（2014）「共感の科学——認知神経科学からのアプローチ」梅田聡編『コミュニケーションの認知科学 2　共感』岩波書店，pp. 1-29。

瓜生淑子（2007）「嘘を求められる場面での幼児の反応——誤信念課題との比較から」『発達心理学研究』**18**, 13-24。

Wimmer, H., & Perner, J. (1983) Beliefs about beliefs: Representation and constraining function of wrong beliefs in young children's understanding of deception. *Cognition*, **13**, 103-128.

「心の理解」を広く学びたい方はこちら！

芋坂直行編（2014）『社会脳シリーズ6　自己を知る脳・他者を理解する脳——神経認知心理学から見た心の理論の新展開』新曜社。

　この章では紹介できなかった，他者の心を理解するための脳内メカニズムについて，詳細に論じられています。内容は難しいですが，興味深い実験結果が多数紹介されています。

子安増生編著（2016）『「心の理論」から学ぶ発達の基礎——教育・保育・自閉症理解への道』ミネルヴァ書房。

　「心の理論」に関する国内外の研究知見について幅広く紹介されています。特に教育や保育，障害などの実践領域との関連について，多くの学びが得られます。

ブルーム，P.／高橋洋訳（2018）『反共感論——社会はいかに判断を誤るか』白揚社。

　コラムで紹介した共感の「負の側面」について考察している一冊です。共感とどのようにして付き合っていくかについて，詳細に書かれています。

第7章

「私って何なんだろう」そんな悩みはありませんか？

——パーソナリティの発達——

．．．

ダイアローグ

後輩さん浮かない顔ですね。悩み事ですか？

 あ，先輩さん。実は先日大学でキャリア・ガイダンスを受けてか
ら，将来の進路に悩んでて……。自分が何をしたいのかわからない
んです。私らしさってどういうことですかね？

大学生になると，悩みますよね。一人で考え込むよりも，他人と話
していると，自分についてわかってくることがありますよ。

 そうなんですね。先輩さん，考えを整理してみたいので，ぜひお話
させてください！

1 自己理解の発達
いつから自分のことがわかる？

「自分」に気づくまで

　充実した人生を過ごしたいと考えるときに，自分はどんな人間で，どのよう
なことが自分に合っているのかなど，自分についての理解を深めることが重要
になります。この章では，自分という人間のパーソナリティが生涯を通してど
のようにして発達するのかを考えましょう。

　みなさんは，「自分はどんな人間だろう」と考えるとき，おそらく「大学生
だ」「女だ」「やさしい」「友達と仲が良い」のように，自分のさまざまな側面

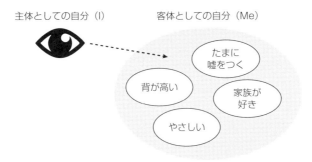

主体としての自分（I）　　　客体としての自分（Me）

たまに
嘘をつく

背が高い

家族が
好き

やさしい

図7-1　自分を見つめる自分（I）と見つめられる自分（Me）（筆者作成）

を考えることが多いのではないでしょうか。このときの状況を整理してみると，図7-1のようになります。つまり，主観的に自身を見つめる自分（I）と，客観的に見られる自分（Me）という構造です。

　このように，自分について客観的に理解することは，みなさんにとっては当たり前のことかもしれませんが，生まれつきできるわけではありません。生後間もない時期は，自分について知るための手掛かりとして，身体の感覚に頼ることになります。視覚，聴覚，触覚，そして自分の身体を動かしたときに生じる感覚である**自己受容感覚**などです。たとえば，赤ちゃんが自分の腕に触ると，腕には触られた感覚が生じますが，親の腕に触った時には，そうした感覚は生じません。また，赤ちゃんは手に持ったおもちゃを床に投げて，大きい音がするのを楽しむことがあります。自分の行為によって周りの環境が変化することを感じることを通して，主体としての自分に気づくのです。さらに，赤ちゃんが周りの人に微笑みかけると，それに対して周りの他人も微笑み返してくれることがあります。このように，周りの他人との関わりの中でも，行為をしている主体としての自分の存在を感じ取ることができるのです。

　子どもにイメージ（表象）を扱う能力が身についてくると（第3章，イメージの発達を参照），客観的に見た自分をイメージし理解することができるようになります。また，認知的能力の発達に伴い，言語を扱う能力も発達します。子どもは自分の気持ち（楽しい，怖い，など）や考え（トイレに行きたい，あの電車知っ

てる，など），経験したこと（友達とケンカした，など）を言語で表現し，周りの大人や友だちに語るようになります。子どもが語ったことに対して，大人は「いつ？（When）」「どこで？（Where）」「だれが？（Who）」「なにを？（What）」「なぜ？（Why）」「どのように？（How）」のように質問をしたり，思ったことを子どもに伝えたりします。こうした子どもの語りを助ける大人の返答は，子どもが自分の感情や考え，性格，行動の特徴に気がつくことを助けます。このように，周りの他者と交流することを通して，自分はどのような人間なのかについての知識である**自己概念**を明確にしていくのです。

「自分」は複雑

　児童期から青年期にかけて，認知的能力がさらに発達し，イメージを使った複雑な思考ができるようになるにつれて，自己概念はさらに複雑になります。人は無数の異なる自己概念をもちますが，それらは，学業について（数学が得意，など），人間関係について（ユウキくんと友達，など），身体について（背が低い，など）など，より抽象的な領域の自己概念に整理されていきます。

　自己評価にも変化が起こります。児童期と青年期には，多くの人が学校に通います。能力や容姿を友だちと比較したり，教師から評価されたりする機会が増えると，それに伴い自己評価も変動します。幼児のうちは，実際よりも自分を肯定的にとらえていることが多いのですが，児童期には，自分の肯定的・否定的な側面の両方に目を向けるようになります。「本当はもっと勉強を頑張りたいのに，いつもだらけてしまう」「友だちは部活で活躍しているのに，自分は練習しても上手くならない」のように，自分に対する失望や否定的な感情を抱える経験によって，自分を肯定的に捉える**自尊感情**[1]が低下しやすくなります。

　以上のように，自己概念や自己評価は多様ですが，それらすべてが重要なわけではありません。たとえば，保育学科の人にとって，「子どもと接するのが

---

[1]　興味がある人は，こちらの本も読んでみよう！
　　中間玲子編著（2016）『自尊感情の心理学――理解を深める「取扱説明書」』金子書房。

得意」という自己概念はおそらく重要でしょう。一方で,「水をよく飲む」という自己概念は重要でないかもしれません。また,「運動が苦手」という否定的な自己概念をもっていたとしても,同時に「学力が高い」という肯定的な自己概念をもっていることで,幸せに生きられる人もいます。青年期に入り,複雑で抽象的な思考ができるようになると,異なる自己概念を比較検討したり,互いに統合したりして全体的にとらえ,自分についてのさらに深い理解につながります。

2 青年期のアイデンティティ
「どうしてこんなにしんどいの?」……
その悩み,実は周囲も同じかも

アイデンティティとは

　自分について理解を深めることは良いのですが,それゆえに思い悩むことがあります。青年期には,やりたいことに打ち込んでいる友達と自分を比べて落ち込むことや,将来の目標が不明確で進路選択に苦悩してしまうことなど,多くの人が悩みを抱えます。また,友人関係の中で自分らしさを表現できず苦しんだり,自分が希望する生き方が周りの大人に認められず衝突したりすることもあります。こうした,「自分らしさって何だろう」「何がしたいのかわからない」といった悩みの背後には,**アイデンティティ**の問題が隠れています。アイデンティティとは,精神分析家である**エリクソン**(Erikson, E. H.)が提唱した概念であり,自分がどのような人間で,社会の中で何をして生きていくのかに関する,個人内で一貫した自覚のことです。

　アイデンティティと聞くと,「これこそが自分だ」のように特に重要な自己概念をひとつ選ぶことを思い浮かべるかもしれません。しかし,実際のアイデンティティは,さまざまな自己概念のどれかひとつを選ぶのではなく,自分にとって重要な自己概念を取捨選択したり,自分なりのやり方で整理したりする

ヒロミ(20歳)

中学生の頃の合唱コンクールで最優秀賞を取ったんですけど，仲間と協力して，たくさん練習して賞を取れたのがすごい嬉しかったんですね。もちろん仲間と衝突することもありますけど……。今，スクールカウンセラーを目指して勉強してて，学校の先生とか親御さんと協力しながら子どもを助ける仕事なので，やりがいがあると思います。いろんな悩みを抱える子どもを笑顔にできたらいいって思いますね。

ヤマト(21歳)

人生ってやっぱり仕事だけじゃないですよね。そりゃあお金は大事ですけど，仕事で忙しすぎてプライベートが充実してないのは嫌です。結婚して家族は欲しいし，休日は釣りとかアウトドアの趣味のために使いたいです。仕事も家族も趣味も，バランスが大事でしょ。

ミナミ(23歳)

私は教育学の研究者になりたいです。今までは単に，江戸時代の塾や教科書を調べるのが楽しかったんです。実は父も研究者で，家でもよく研究の話をしていました。その父が，進路に賛成してくれて本当に嬉しかったです。研究者は競争が激しくて大変そうですが……でも，研究が好きだからきっとうまくやれると思うし，社会に役立つ仕事がしたいし，両親も応援してくれているので，頑張ろうと思います。

図7-2　アイデンティティの統合の具体的事例（筆者作成）

ことで見えてくる全体的なものです。自分自身を，個々の自己概念ではなく全体のまとまりという観点から見つめ直すことで，自分がどんな人間なのか，社会の中でどのように生きていきたいのかがよりはっきりとわかるようになるのです。

アイデンティティを形成するための2つのポイント

　自己概念を整理してアイデンティティを形成するといっても，抽象的でわかりにくいかもしれません。そこで，アイデンティティ形成のための2つのポイントを，短い事例を用いて理解しましょう（Syed & McLean, 2016：図7-2）。

　第1のポイントは，さまざまな自己概念を，時間的・空間的に結びつける（統合する）ことです。ヒロミさんの事例では，合唱コンクールで仲間と協力することの大切さを学んだ過去の自分と，教師や保護者と協力して子どもを助け

るスクールカウンセラーを目指している現在の自分，そしてスクールカウンセ
ラーとして子どもの笑顔を増やしたい未来の自分が，連続性をもってつながっ
ています。過去・現在・未来の自分が時間的に連続していることを自覚するこ
とで，進路選択に自信をもつことができるのです。次に，ヤマトさんの事例で
は，仕事はほどほどにしたいという職業に関する自分，結婚して家族をもちた
いという人間関係に関する自分，休日は釣りやアウトドアをしたいという趣味
に関する自分を結びつけています。異なる領域（生活空間）の自分を調和させ，
充実した人生を送るためのあり方を明確にしているのです。以上のように，さ
まざまな自分を時間的・空間的に統合することで，自分が全体として何者で，
どのように生きていきたいのかというアイデンティティが明確になってきます。
　第2のポイントは，希望する自分のあり方が，周りの他者や社会から受け入
れられているという感覚を得ることです。ミナミさんの事例では，教育学者に
なるという希望が明確である一方で，競争の厳しい研究者という職業への不安
も感じています。しかし同時に，研究者である父親に進路選択を受け入れられ
ていることで，たとえ厳しい道であっても頑張ろうと思うことができています。
アイデンティティを確固としたものにするためには，アイデンティティと周り
の他者や社会との間に，自分なりに折り合いをつけることも必要になるのです。
　以上2つのポイントでまとめた通り，アイデンティティは，さまざまな自分
を時間的・空間的に統合し，自分が他人や社会に認められているという感覚を
もつことで形成されます。このように，まとまりをもった自分を構築しつつあ
る感覚を「**統合**」の感覚といい，反対にまとまりがない感覚を「**混乱**」の感覚
といいます。統合と混乱の感覚は常に同時に存在しますが，どちらの感覚が強
いのかというバランスは変化します。青年期のアイデンティティ発達では，混
乱の感覚が強い状態から，統合の感覚が強い状態への変化が起こると想定され
ます。

① アイデンティティを明確にしておくとどんな良いことがあるでしょうか？

 ② 自分の人生を振り返り，自分という人間をよく表す経験を3つ挙げてみましょう。それらの経験から，自分についてどんなことがわかるでしょうか？

③ 自分のことがわからずに悩んでいる友達に，どのように接することが有効だと思いますか？ アイデンティティの形成を助ける関わりとはどのようなものでしょうか？

3 アイデンティティ・ステイタス 今の「わたし」はどんな状態？

アイデンティティの状態は変化する──アイデンティティ・ステイタス

　アイデンティティの発達はどのように研究されてきたのでしょうか。アイデンティティ発達の研究で最も多く用いられてきたのは，マーシャ（Marcia, J.）という発達心理学者が開発した，**アイデンティティ・ステイタス・アプローチ**です。このアプローチの特徴は，個人のアイデンティティの状態とその変化を，アイデンティティ発達への取り組みの程度に着目して査定する点にあります。

　アイデンティティの混乱の感覚が強い状態から統合の感覚が強い状態へ発達する過程において，青年は，自分にとって重要な領域に関する選択を行います（職業や人間関係など）。具体的には，ある領域についての自分のあり方（どの職業に就くのかなど）について，さまざまな選択肢を探して比較検討し（**探求**），自分の選択に対して責任をもって関わります（**コミットメント**）。人生の重要な選択を行うことは，前述した，さまざまな自己概念を時間的・空間的に統合す

ることと強く関わっています。
たとえば，過去を振り返って興
味関心や適性に気づいたり，将
来の働き方の展望を明確化した
りすることは，自分にとって意
味のある職業選択をするために
必要なことです。一方で，人生

コミットメント

		なし	あり
探求	なし	拡 散	早期完了
	あり	モラトリアム	達 成

図7-3　アイデンティティ・ステイタスの4分類
(筆者作成)

の重要な選択では，自分が身近な他人や社会に認められることも重要です。就
きたい職業があったとしても，それが家族に認められない，あるいは社会の中
で否定的な目を向けられていることもあります。そうした場合には，自分の希
望と家族の期待との間のすり合わせを行い，自分なりに折り合いをつけなけれ
ばなりません。

　このアプローチでは，探求とコミットメントの組み合わせによって，個人の
アイデンティティ発達の程度，すなわち**アイデンティティ・ステイタス**を4分
類します（図7-3）。まずは，探求を行っておらず，コミットメントも欠如し
ている，**拡散**の状態です。次に，本格的な探求に取り組んでいないものの，あ
る程度のコミットメントをもっている，**早期完了**の状態です。さらに，積極的
に探求を行っているものの，コミットメントは曖昧である，**モラトリアム**の状
態です。最後に，積極的な探求の末に明確なコミットメントをもつ，**達成**の状
態です。アイデンティティ・ステイタスの枠組みの中では，みなさんのアイデ
ンティティも，このうちのどれかに分類されます。

　これまでの研究から，アイデンティティ・ステイタスの発達のパターンは多
様であることがわかっています（図7-4）。多くの場合，アイデンティティの
発達は，それまでの自分のあり方や将来の生き方が不明確な拡散の状態から始
まります。拡散の青年（図7-4(A)）は，アイデンティティについて考えること
を避けていると拡散の状態を維持することになりますが，人生の選択肢を真剣
に探し始めると，モラトリアムの状態に移行します。一方で，選択肢を積極的
に探すことなく，周りの大人の生き方をそのまま取り入れると，早期完了に移

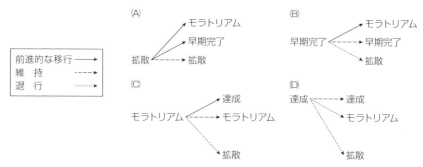

図7-4 アイデンティティ・ステイタスの発達のパターン（筆者作成）

行します。早期完了の青年（図7-4(B)）は，その後長く同じ状態を維持することもあれば，さまざまな経験を経て現在の生き方が本当に自分に合うものではないと思い直すこともあります。そうした際に，諦めて他の生き方の選択肢を探さなければ拡散に退行しますし，積極的に探求を行うとモラトリアムに移行します。モラトリアムの青年（図7-4(C)）は，自分に合う生き方を見つけコミットメントを形成すると達成へ前進しますが，それができず長くモラトリアムを続ける場合もあります。反対に，そうした意味あるコミットメントの探索を諦めると，拡散に退行します。達成の青年（図7-4(D)）は，そのままコミットメントに取り組み安定する場合もあれば，現状のコミットメントに不満を抱えてモラトリアムに逆戻りしたり，活力を失って拡散へ退行したりする場合もあります。以上のように，アイデンティティは生涯にわたって不変というわけではなく，人生のさまざまな経験を通して変化し，再構成されることになります。

日本人青年の特徴

近年，海外（主にヨーロッパの国）と比較した際の日本人青年のアイデンティティ発達の特徴が明らかにされつつあります（畑野，2019）。日本人青年（18～25歳）の特徴として，コミットメントを十分に形成していない青年が多いことが挙げられます。たとえば，10か国の青年に対する国際比較調査では，日本を含む東アジアの青年は，ヨーロッパの青年と比較してコミットメントの得点が

低いことがわかりました。また別の縦断研究では，オランダ人青年の約60％が
達成や早期完了などコミットメントの高いステイタスに所属しやすいのに対し
て，日本人青年の約75％がモラトリアムや拡散などコミットメントの低いステ
イタスに所属していました。日本人青年のコミットメントが不明確である理由
として，社会状況（終身雇用制の崩壊や非正規雇用の増加，経済不況など）や文化
的価値観の変化（個人主義が集団主義に取って代わり，上の世代の助けを得られにく
くなったことなど）によって，確固とした人生の選択が難しくなったことが指摘
されています。しかし，本当にこうした要因が影響しているのかどうかはわか
っておらず，今後の研究で明らかにすべき課題といえます。

4 エリクソンの発達課題
過去の「わたし」は何に直面してきた？
そしてこれから先はどうなるの？

生涯にわたる発達

アイデンティティは，認知能力や言語能力が高度に発達する青年期において
とくに重要となるパーソナリティの側面です。人のパーソナリティは生涯を通
して発達し，青年期以外の年齢時期（児童期，成人期など）においても，時期ご
とに重要となる側面があります。これまで，さまざまな研究者が，各年齢時期
で重要となる発達の側面を提案してきました。ここでは，その中でも特に広く
知られる，エリクソンの**心理社会的発達理論**を解説します。

エリクソンが提唱した発達理論には，それまでの発達理論にはなかった重要
な特徴が２つありました。第１に，個人と社会との関係性を強調する，「心
理・社会的」という特徴です。それまでの発達理論の中心であった**フロイト**
（Freud, S.）の**心理性的発達理論**では，人のこころの発達を性的衝動の発展によ
ってとらえ，各個人の先天的な素質によって発達の促進や遅れが起こると想定
していました。これに対して，エリクソンの心理社会的発達理論では，人のこ

ころの発達における社会的な期待や責任の影響を考慮し，人と社会との関係性のあり方によって発達に変化が起こることを強調しました。

　第2に，人の生涯にわたる発達を考えた，「ライフサイクル」という特徴です。古典的な精神分析の発達理論では，生まれてから青年期までの発達が重要視されていました。これは，青年期以降の心理的問題が，とくに人生初期に起こった問題や葛藤（親からの虐待など）によって引き起こされると考えられていたからです。もちろん，人生初期に起こった問題が，その後の人生でさまざまに形を変えて表れることはめずらしくありません。しかしそれと同時に，思春期以降であっても，その年齢に期待される社会的な課題をうまく解決することができないために，心理的問題に陥ってしまうことがよくあります。エリクソンの心理社会的発達理論では，人が生涯全体を通して発達していくことを捉えようとしたのです。

エリクソンの8つの発達課題と心理社会的危機

　エリクソンの心理社会的発達理論で有名なのは，**個体発達分化の図式**（Epigenetic schema）です（図7-5）。この図式は，各年齢段階で重要となる**心理社会的危機**を示しています。危機と聞くと，心理的に苦しんでいる悪い状態を想像するかもしれませんが，実際は山の峠のようなもので，良い方向へ進むか悪い方向へ進むかの分け目を意味します。各年齢段階では，社会的に生きていくためのプラスとマイナスの力が対の形で拮抗しており（たとえば，アイデンティティ 対 アイデンティティ拡散），バランスが悪い方向へ傾いたときに，心理的な問題が生じます。各年齢段階の心理社会的危機を詳しく説明します。

　乳児期の危機は，「**基本的信頼 対 不信**」です。基本的信頼とは，周りの人や世の中は基本的に信頼でき，自分も信頼に値する人間であるという自信を意味します。こうした絶対の信頼感は，父親や母親など周りの他者の養育を通して形成され，社会の中で健やかに生きていくための基盤になります。基本的信頼を欠いている場合，他人を信じられず，自分自身をも信じることのできない不信感が根付き，その後の発達で問題を抱えることもあります。

Ⅷ 老年期							統合性 対 絶　望
Ⅶ 中年期						世代継承性 対 停　滞	
Ⅵ 成人期					親密性 対 孤　立		
Ⅴ 青年期				アイデンティティ 対 アイデンティティ拡散			
Ⅳ 学童期			勤勉性 対 劣等感				
Ⅲ 児童期		自発性 対 罪悪感					
Ⅱ 幼児期	自律性 対 恥・疑惑						
Ⅰ 乳児期	基本的信頼 対 不　信						

図7-5　個体発達分化の図式（Erikson, 1968）

　幼児期の危機は，「**自律性 対 恥・疑惑**」です。この時期には，周りの大人からの 躾 を通して社会的な規範を学び，自分の衝動をコントロールする自律性を身につけることが中心的な課題になります。自分の衝動をうまく律することが，自立した一人の人間としての自信にもなります。反対に，自律性が十分に育たない場合，自分自身への疑惑や，「自分はうまくやれていなくて恥ずかしい」といった恥の感覚をもつことになります。

　児童期の危機は，「**自発性 対 罪悪感**」です。自分の要求を，周りに受け入れられる形で適切に表現することを自発性といいます。自分の衝動に任せて好き勝手に行動するのではなく，社会的な規範を意識しつつ自発性を発揮することが重要になります。これがうまくいかないと，「規範を犯してしまった」「自

発的に行動しなければよかった」のような罪悪感が芽生え，自分の行動や生き方を自分で決めることが難しくなってしまうことがあります。

　学童期の危機は，「勤勉性 対 劣等感」です。この時期の子どもの多くは，学校教育の中で勉強や運動などの活動に取り組みます。こうした活動に勤勉に取り組むことを通して，有能感を育むのです。しかし，他の子どもとの比較に苦しみ，「自分はついていけない」のように劣等感を抱えてしまうこともあります。

　青年期の危機は，「アイデンティティ 対 アイデンティティ拡散」です。自分はどのような人間で，社会で何をして生きていくのかについて考えるようになります。前述のように，アイデンティティを統合する過程で悩み，自分がどのように生きていけるのかがわからない拡散（混乱）状態に陥る青年もいます。

　成人期の危機は，「親密性 対 孤立」です。親密性とは，パートナーとの間に親密な関係性を築き，孤独を癒す力のことです。大事なことは，相手に依存することや，単に仲がいいといった人間関係ではなく，自立した一人の人間として互いを尊重した上で関係性を構築することです。

　中年期の危機は，「世代継承性 対 停滞」です。世代継承性とは，次の世代への関心を高め，社会の役に立つアイディアを生み，次の世代の子どもたちを育てていくことに積極的に関与することです。次の世代への関心をもたず，自分のためだけに行動する場合，社会的生活に停滞を生じることになります。

　老年期の危機は，「統合性 対 絶望」です。老年期には，自分の肯定的な部分も，否定的な部分も全て含めて，自分の人生として受け入れ統合することが重要です。自分はただ死を待っているだけという絶望を感じる場合もありますが，そうならないように自分の人生に意味を見出すことが重要になるのです。

　この章で見てきたように，パーソナリティは生涯を通して発達し，年齢段階によって重要なテーマは移り変わります。しかし，これらが密接に関わり合っていることを強く意識することも大事です。乳児期の基本的信頼感があるからこそ，社会とうまく関わりながら自律性・自発性・勤勉性を育むことができま

COLUMN **7** アイデンティティを発達させる手助け？

いろいろ悩んでたんですけど，先輩さんと話して，自分について少しずつわかってきた気がします。ありがとうございます。

いえいえ，自分はただ聞いているだけですよ。

　アイデンティティを明確にするために有効なのは，自分で考え込むのではなく，周りの**良い聞き手**を見つけて会話することです。たとえば，自分の過去の経験について話したとき，良い聞き手は，それがどのような出来事だったのか，その時誰と一緒だったのか，その時に抱いた感情などについて，詳しく理解するための質問を返してくれます。こうした質問へ返答する中で，それまで気が付かなかった自分の特徴や，人生についての教訓や洞察を得て，アイデンティティ発達が促されます。周りの両親や先生，友人等から良い聞き手を探して，会話を繰り返すことが有効かもしれません。

す。また，そうした能力は，自立した人間として生きていくためのアイデンティティの基礎になります。さらに，アイデンティティを発達させたパートナー同士だからこそ互いを尊重する親密性を構築することができ，それが広く次世代の関心に広がり，世代継承性の発達につながります。そして，パートナーや社会との良好な関係性の中で，自身が生きたことに意味を感じることができると，老年期に人生を肯定し統合性をもつことができるようになるのです。以上のように俯瞰した見方をもっておくことも，発達の理解につながります。

引用文献

Erikson, E. H. (1968) *Identity: Youth and Crisis.* New York: Norton（エリクソン, E. H. ／中島由恵訳（2017）『アイデンティティ——青年と危機』新曜社）.

畑野快（2019）「青年期のアイデンティティ」『児童心理学の進歩』**58**, 125-155.

Syed, M., & McLean, K. C. (2016) Understanding identity integration: Theoretical, methodological, and applied issues. *Journal of Adolescence*, **47**, 109-118.

「人格とアイデンティティの発達」を広く学びたい方はこちら！

白井利明・杉村和美（2022）『アイデンティティ──時間と関係を生きる』新曜社。

　エリクソンの心理社会的発達理論とアイデンティティ発達について，詳しく解説されたテキスト。特に，アイデンティティ発達を実証的に研究するためのアイデンティティ・ステイタス・アプローチの発展や，ダイナミック・システムズ・アプローチの適用について，わかりやすく紹介されている。

谷冬彦・宮下一博編（2004）『さまよえる青少年の心──アイデンティティの病理──発達臨床心理学的考察』北大路書房。

　青年が抱えやすいアイデンティティの問題について紹介されている。時間的展望の拡散や否定的アイデンティティ，権威の拡散など，多様なアイデンティティ発達上のつまずきについて，複数の臨床的事例を紹介しながら解説されておりわかりやすい。

第8章
学習＝勉強だと思っていませんか？
──学習理論──

....

ダイアローグ

どうしたの？　木の陰に隠れたりして。

あっ，先輩。この先に野良犬がいて……子どもの頃に追いかけられて以来，犬って苦手なんです。

なるほど，学習の成果というわけだね。

学習？　犬を避けることが学習なんですか？

そうだよ。心理学では，「学習」という言葉はかなり広い意味をもっているんだ。

1 心理学における「学習」の意味
「学習＝勉強」ではありません！

「学習」は経験による行動の変化である

　皆さんは，「学習」という言葉から何を連想するでしょうか。このテキストを手にしてくださっている皆さんは，おそらく大学生くらいでしょうから，普段の，あるいはこれまでの学校生活において，何度も「学習」という言葉を耳にしてきたはずです。自主学習，学習態度，総合的な学習の時間，等々……これらの「学習」は，「勉強」とほとんど同じ意味で使われています。実際，「学

習」という言葉から，「勉強」や「何かを覚えること」を連想する方も多いのではないでしょうか。もちろん，こういった連想は間違ってはいません。しかしながら，実は心理学において，「学習」という言葉はもう少し広い意味をもつのです。

心理学において，「学習」は「経験によって生じる比較的永続的な行動の変化」と定義されます。なんだか，急にややこしくなってきたな……と感じられるかもしれませんが，この定義をよく見てみると，3つの成分から成り立っています。

まずは，「経験によって生じる」という部分です。私たちは日々，さまざまな経験をしています。それらの経験を通じて，私たちの行動が変化するとき，私たちは学習したといえます。たとえば，「ネコに触ろうとして引っ掻かれた」という経験をすると，それ以降は触るのをやめるか，引っ掻かれないよう慎重に触ろうとするでしょう。いずれにせよ，引っ掻かれた経験をもとに行動が変化していますので，この場合には「学習した」といえます。反対に，行動が変化したとしても，それが経験によるものでなければ，学習したとはいえません。たとえば，お酒を飲むと陽気になって，普段よりも活発に話をするようになったりします。また，ものすごく疲れていると，普段であればしないような些細なミスをしてしまいます。これらはアルコールのような化学物質や，疲労の影響による行動の変化であり，経験を通じた変化ではないため，学習とはいえません。

2つ目の成分は，「比較的永続的な」という部分です。たとえ経験を通じて行動の変化が起こったとしても，それが限られた期間や回数しか生じなければ，やはり学習とはいえません。先ほどの例で，「ネコに引っ掻かれる」という経験をもとに「触るのをやめる」ように行動を変化させていた人が，翌日にはそのことをすっかり忘れて再びネコに触ろうとしていたとすると，これは厳密な意味では「学習した」とはいえないことになります。

3つ目の成分は，「行動の変化」という部分です。ある個体がある行動を学習したかどうかは，「覚えた」，「学んだ」といった主観的な感覚ではなく，行

動が変化したかどうかによって確かめられます。こうした考え方は，人の行動を外部から与えられるさまざまな**刺激**（stimulus）と，それに応じた**反応**（response）を記述することで説明しようとする**行動主義**と呼ばれる立場に基づいています。(1)

慣れること，慣れないこと

　「学習」を「経験を通じた行動の変化」としてとらえ直すと，日常生活で起こるさまざまな行動の変化も学習の一種であることに気づきます。たとえば，「慣れ」もその1つです。筆者は数年前に今の住居に引っ越してきたのですが，お隣さんが大変元気なワンちゃんを飼っています。しばらくの間は，そのワンちゃんの大きな声に驚いていましたが，今では生活音の一部として馴染んでいます。大きな声という刺激に繰り返し晒されるという経験を通じて，驚いてビクッとするとか，窓の方を見るという行動が減少したわけです。こうした「慣れ」は学習理論においては**馴化**（habituation）と呼ばれ，最も基本的な学習の一種です。

　一方で，何度経験しても慣れないこともあります。それどころか，1回でも非常に強烈な経験をすると，それと同じような刺激に対しても反応してしまう場合があります。たとえば，筆者は以前，車の運転中に，凍った路面でスリップして田んぼに突っ込むという経験をしたことがあります。幸い怪我は無かったのですが（車は廃車になってしまいましたが……），それ以来，その日と同じような山道を走っている時には，緊張してハンドルを握る手が強張るのを感じます。これは**鋭敏化**（sensitization）と呼ばれ，馴化と並ぶ基本的な学習の一形態です。学習を，経験を通じた行動の変化として広く捉えることで，ヒトのさまざまな行動の変化について学習の枠組みから理解することができるのです。

---

(1)　行動主義はヒトの心についての学問である心理学とは相容れない考え方のように思われるかもしれませんが，かつては行動主義が心理学の主流でした。本章では詳しく述べませんが，関心のある人はこちらを読んでみましょう！
　　大山正（2010）『心理学史──現代心理学の生い立ち』サイエンス社。

2 学習の基本的仕組み 「パブロフの犬」は心理学？

条件づけとは

　ここまで紹介してきた「学習」の例では，刺激は引っ掻かれた「痛み」や「大きな音」など，それ単独で特定の反応を引き起こさせるようなものでした。しかしながら，私たちの日常生活では，まったく新しい刺激と反応の関係を学ぶことも少なくありません。たとえば，私たちは赤信号を見ると反射的に足を止めますが，よく考えてみると「赤信号」という刺激それ自体は「足を止める」という行動を誘発するものではありません。私たちは「赤信号」という刺激と「足を止める」という行動の関連性を学習しているのです。このような刺激と反応の組み合わせ，あるいは刺激と別の刺激の組み合わせのことを**連合**と呼び，この連合を形成していく手続きは**条件づけ**（conditioning）と呼ばれます。この節では，もっとも代表的な2種類の条件づけについて説明します。

古典的条件づけ

　「パブロフの犬」というフレーズをご存じの読者の方もおられるかもしれません。パブロフ（Pavlov, I. P.）はロシアの生理学者で，イヌを使った実験が非常に有名です。イヌの消化についての研究を行っていたパブロフは，イヌが飼育係の足音に反応して唾液を分泌していることに気づきます。餌のにおいや味に反応して唾液が出るならまだしも，足音には唾液の分泌を誘発する要素はありませんから，これは不思議な話です。そこでパブロフは，「イヌに餌を与えている飼育係の足音が，餌と組み合わさることで，餌と同じように唾液を分泌させるような刺激に変化したのだ」と考えました。

　このアイデアを確かめるためにパブロフが行った実験の様子を図8-1に示します。まず，イヌにベルの音を聞かせます。ベルの音という刺激は，イヌにとっては特定の反応を起こさせない中立的な刺激ですから，中性刺激と呼ばれ

中性刺激

無条件刺激　　　　無条件反応

条件刺激　　　　条件反応

図8-1　古典的条件づけによる条件反射の獲得（筆者作成）

ます。一方，イヌは餌を与えられると唾液を分泌します。餌という刺激は，イヌにとって唾液の分泌という生得的で無条件な反応（無条件反応）を生じさせる刺激なので，無条件刺激と呼ばれます。次に，イヌに対して中性刺激であるベルの音と，無条件刺激である餌を繰り返し，同時に提示します。無条件刺激である餌が含まれているので，イヌはこの同時に提示された刺激に対しても唾液を分泌します。この手続きを繰り返すと，最終的にイヌはベルの音が鳴っただけで唾液を分泌するようになります。

　このとき，最初は中性刺激であったベルの音は，餌と組み合わされることによって唾液の分泌を誘発する**条件刺激**へと変化したことになります。また，条件刺激によって引き起こされる，無条件反応と同様の反応は，「条件づけられた反応」ということで**条件反応**（あるいは**条件反射**）と呼ばれます。このように，無条件に生じる反応を利用して，新しい刺激と反応の連合（S-R連合）を獲得させる手続きが**古典的条件づけ**です。反応（response）を利用した条件づけなので，**レスポンデント条件づけ**とも呼ばれています。

　それでは，条件反応が形成された後にベルの音だけを単独で提示しつづけると何が起こるでしょうか。条件刺激はもともと唾液の分泌を誘発させるものではないため，条件刺激のみを提示し続けると，条件反応は次第に起こりにくくなり，最後には消失してしまいます。これは**消去**と呼ばれる手続きです。

---

(2)　古典的条件づけを，ベルの音と餌の対提示による刺激と刺激の連合（S-S連合）の学習であると考える立場もあります。

古典的条件づけは動物に限った話ではなく，私たちヒトでも生じます。レモンや梅干しの映像を目にすると，実際に口にしたわけでもないのに唾液が出てきますが，パブロフのイヌと同じように，レモンや梅干しを食べるという経験を通じて，これらを見ただけで唾液が出るよう条件づけられているのです。[(3)]

道具的条件づけ

　行動主義者として有名なスキナー（Skinner, B. F.）は，スキナー箱と呼ばれる実験装置を用いた動物実験を行いました。スキナー箱は，壁にレバーが取り付けられており，レバーを押すと餌が出てくるという仕組みになっていました。このスキナー箱に空腹のネズミを入れると，ネズミは餌を求めて箱の中を探索します。そのうち，最初は偶然に，ネズミがレバーに触れることで餌が出てきます。この過程が繰り返されると，次第にネズミの「レバーを押す」という反応の頻度が増加していきます。見方を変えると，ネズミが餌を得るために「レバーを押す」という新しい反応を獲得したともいえます。この手続きは**道具的条件づけ**と呼ばれます。ネズミが環境を自発的に操作（operation）するよう条件づけているということで，**オペラント条件づけ**と呼ばれることもあります。

　スキナー箱の実験において，なぜ「レバーを押す」行動の頻度が増えていったのでしょうか。レバーを押すと餌が出てくるというスキナー箱の仕組みに秘密があります。餌は空腹のネズミにとって非常に好ましい刺激です。したがって，「レバーを押す」という行動は，ネズミにとって好ましい結果をもたらしたことになります。道具的条件づけでは，好ましい結果はその直前の行動の頻度を増加させ，好ましくない結果は行動頻度を減少させると考えます。このように，行動の頻度を増やしたり減らしたりする刺激のことを**強化子**と呼び，好ましい強化子である**正の強化子**（または好子，報酬刺激），と好ましくない強化子である**負の強化子**（または嫌子，嫌悪刺激）があります。

---

(3) レモンや梅干しの見た目は，それ単体では唾液の分泌を誘発するものではないので中性刺激です。酸味という，無条件に唾液を分泌させる無条件刺激と組み合わされることにより，唾液の分泌を誘発する条件刺激に変化します。

表8-1　道具的条件づけにおける行動の変化

	与える	取り除く
正の強化子	正の強化 （行動頻度増加）	負の弱化 （行動頻度減少）
負の強化子	正の弱化 （行動頻度減少）	負の強化 （行動頻度増加）

（筆者作成）

　餌はネズミにとって好ましい刺激，すなわち正の強化子ですが，正の強化子が常に好ましい結果をもたらすとは限りません。たとえば，ある行動の結果，餌を取り上げられるという好ましくない結果が生じることもあり得ます。そうなった場合には，その結果をもたらした直前の行動を避けるようになるでしょう。このように，道具的条件づけでは，強化子によって行動の頻度を増やしたり減らしたりすることができます。行動頻度を増加させることを**強化**，減少させることを**弱化**と呼びます。[4] 表8-1に，道具的条件づけにおける刺激の種類と操作に応じた行動頻度の変化をまとめています。強化子を与える場合には「正」，取り除く場合には「負」，その結果，行動頻度が増加すれば「強化」，減少すれば「弱化」と考えると整理しやすいかと思います。

考えてみよう！ ....

　① 古典的条件づけの仕組みを確認しよう。レモンや梅干し以外に，どんな例が考えられるかな？

　② 道具的条件づけの仕組みを確認しよう。ヒトの道具的条件づけの具体例を考えてみよう。

---

(4)　行動頻度を減少させることを「罰」と呼ぶ場合もありますが，増えるのが強化，減るのが弱化という対応関係の方がわかりやすいと思いますので，本章では「弱化」という言葉を使います。

3 社会的学習
見て学ぶ，周りから学ぶ

ヒトは一人で学ぶのではない

「人の振り見て我が振り直せ」ということわざもあるように，私たちは，自分自身の経験だけではなく，他者の経験からもまた学ぶことができます。このような学習の形態は**社会的学習**と呼ばれます。

社会的学習理論とは

社会的学習は，他者の行動の観察によって成立する学習です。私たちの普段の生活からも，このような学習が成立する場面をイメージすることができると思います。たとえば，教室で机の上に乗ってふざけていたクラスメイトが，先生にひどく叱られている様子を見れば，自分は同じような行動はするまいと考えることでしょう。しかし，この「観察を通じた学習」は，前節で紹介した古典的条件づけや道具的条件づけのように，観察者自身に対して何らかの操作（刺激が繰り返し提示されたり，報酬や罰が与えられたり）が行われているわけではありません。にもかかわらず，どうして行動の変化が生じるのでしょうか。

バンデューラ（Bandura, A.）は，学習理論を拡張することで，現実世界で起こるさまざまな学習を説明可能な**社会的学習理論**として提唱しました。社会的学習理論においては，直接的な行動の強化や弱化が行われなくても，他者の観察によって行動が生じうると考えます。また，他者が報酬を貰ったり罰を受けたりするのを観察することで，観察者の行動の頻度が変化するという**代理強化**による学習プロセスを仮定します。

バンデューラは，**ボボ人形実験**と呼ばれる一連の実験によってこれを確かめています。この実験では幼児がいくつかの条件に振り分けられました。ある条件では，幼児は大人が風船人形（ボボ人形）を蹴ったり投げたりと，乱暴に扱うシーンを観察します。別の条件では，幼児は大人がボボ人形以外のおもちゃ

で遊ぶ様子を観察します。その結果，大人がボボ人形を乱暴に扱うのを観察していたグループでは，幼児も大人と同様に，人形を乱暴に扱うことがわかりました。さらに，その後の実験において，大人がボボ人形を乱暴に扱った後に，その行動をほめられる場合と怒られる場合で，観察していた幼児の振る舞いがどう変化するかが確認されました。結果として，怒られるのを観察していたグループでは人形を乱暴に扱う頻度が減少しました。すなわち，大人の振る舞いとその後の結果（怒られる）を観察することによる代理強化（行動頻度が減少しているので弱化ですが）が生じたことになります。[5]

観察学習，模倣学習

社会的学習は，他者の観察を通じて新しい行動を獲得する**観察学習**と，他者の真似をすることで行動を獲得する**模倣学習**に分けられます。観察学習では，先述の代理強化によって，他者の行動を観察することで行動の変化が生じます。模倣学習では，モデルとなる他者の行動を観察者が真似をする（模倣する）ことにより行動が獲得されます。その際，うまく真似ができているかのフィードバック（報酬や罰）が与えられると，より効率的に模倣が成立します。

4 自ら学ぶ　自己調整学習

ヒトは受動的に学ぶのではない

ここまでの節では，ヒトや動物が新しい行動をどのように習得するかを説明する条件づけの理論と，他者の観察を通じた学習を説明する社会的学習理論について学んできました。いずれも，行動の習得のためには他者による刺激や強

---

(5)　実際の実験結果はもう少し複雑です。参考図書として挙げている山内・春木（2001）に日本語の解説がありますので，そちらも参照してください。

化子の提示が必要であったり，他者の行動をモデルとして観察する必要があったりと，ある意味で受動的な学習形態だといえます。一方で，普段の私たちの学習活動を振り返ってみると，自発的に新しい教科の勉強をしたり，試験に向けて勉強の計画を立てたりしています。学校教育でもそのような「自ら学ぶ」学習者の育成を目指しており，現行の学習指導要領においては「**主体的・対話的で深い学び**」というキーワードが強調されています[6]。本節ではこのような学習者自身が学習プロセスを主体的に管理するような学びについて見ていきます。

自己調整学習

学習者自身が学習の目標や計画を管理しながら，柔軟に学習過程を制御するような学習形態を**自己調整学習**（self-regulated learning）と呼びます（Zimmerman, 1998）。図8-2に示すように，自己調整学習は予見，遂行のコントロール，自己省察という3つの段階から構成されています。最初の段階である予見段階では，学習目標を確認したり，学習の方法を決定したりといった学習の下準備が行われます。また，学習の開始にあたって，学習への興味や自信（自己効力感）などが必要です。続く遂行のコントロール段階では，予見段階で決定した学習の方法が実行されます。同時に，学習内容への注意の集中や，うまく学習が進んでいるかのチェック（モニタリング）が行われます。最後の段階である自己省察の段階では，学習の結果の振り返りが行われます。上手くいった場合もそうでなかった場合も，その理由を考えたり（原因帰属[7]），自分なりに評価を行ったりします。振り返りの結果は，次の学習の予見段階に活用され，学習目標や学習方法の決定に影響する，といった具合に，自己調整学習は循環的なプロセスであると捉えられています。

具体的な学習場面で考えてみましょう。ある小学生が，翌日の算数の授業に向けて，九九の8の段を覚えようとしています。予見段階では，「8の段を覚

---

(6) 小学校・中学校の学習指導要領（平成29年告示）の総則で言及されています。「主体的・対話的で深い学び」については第13章も参照してください。

(7) 原因帰属については第9章も参照してください。

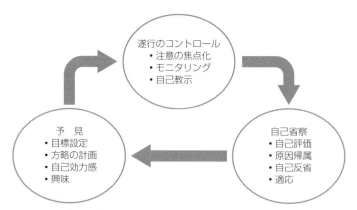

図 8-2　自己調整学習のサイクル（Zimmerman, 1998をもとに筆者作成）

える」という目標を達成するために，たとえば「ノートに繰り返し書く」という方法が選択されます（方略の計画）。続く遂行のコントロール段階では，ノートに書くという学習方法が実行されますが，ふと「ちゃんと覚えられているだろうか？」と不安になり，ノートを閉じてどこまで覚えられたか確認をしてみるかもしれません（モニタリング）。もし十分に覚えられていなければ，「もっと書く回数を増やしてみよう」と考え（自己教示），学習方法の調整が行われます。翌日の算数の授業で，先生から 8 の段を暗唱するように求められますが，覚えたはずの答えがなかなか出てきません。「勉強時間が足りなかったかもしれない」と失敗の原因を探ったり（原因帰属），「次はもっと早くから勉強しよう」と反省したりすることでしょう（自己反省）。こうした自己省察段階での学習成果の振り返りは，次の 9 の段の学習に活かされます。このように，自己調整学習の予見，遂行のコントロール，自己省察のサイクルをぐるぐる回して学習を進められる学習者は，まさしく理想的な学習者であるといえるでしょう。

メタ認知

　自己調整学習のサイクルが上手く機能するためには，**動機づけ**，**学習方略**，**メタ認知**という 3 つの要素が必要だとされています（Zimmerman, 1989）。**動機**づけは，いわゆる「やる気」を表す概念で，自己調整学習のサイクルを回すエ

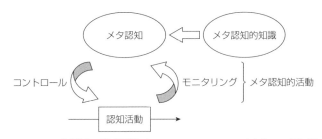

図8-3　メタ認知の構成要素 （Nelson & Narens, 1990をもとに一部加筆）

ネルギーとなります。**学習方略**とは，学習を上手く進めるための知識や技能のことです。動機づけは第9章で，学習方略は第11章で詳しい説明があります。ここでは，3つ目の要素であるメタ認知について詳しく説明します。

　メタ認知（meta-cognition）は，「認知現象についての知識と認知」と定義されます（Flavell, 1979）。メタ認知の提唱者であるフラベル（Flavell, J. H.）は，幼児を対象とした記憶実験から，幼児の「全部覚えられた！」という報告と記憶成績が対応していない（実際には十分に覚えられていない）ということを見出しました（Flavell et al., 1970）。つまり，幼児は自分自身の記憶の状態について，正確にとらえられていなかったのです。大人であれば，ある程度正確に自分自身の記憶状態について把握することができますから，「十分に覚えられていないな」と感じれば，覚える回数や時間を増やすといった対策が可能です。このように，何かを覚える，考える，計算するといった頭の中の状態を自ら把握し，状況に応じて調整を行う能力がメタ認知です。[(8)]

　メタ認知は，**メタ認知的活動**と**メタ認知的知識**という2つの要素で構成されます。メタ認知的活動は，さらに**メタ認知的モニタリング**と**メタ認知的コントロール**に分けられます。図8-3にメタ認知の模式図を示しています。覚える，考える，計算するといった認知活動と並行して，常にそれを監視（モニター）し，制御（コントロール）するメタ認知の過程が走っているとイメージしてく

---

(8)　「メタ（meta）」は「上位の」，「高次の」といった意味の接頭辞です。認知過程を高次
　　の視点から制御するため「メタ認知」という名前なのです。

ださい。たとえば，英語のテストに向けて「英単語を覚える」という認知活動を行う際，綴りの長い単語に出くわすと，「この単語は難しそうだな」というメタ認知的モニタリングが行われ，それに対応して「覚える時間を長く取る」というメタ認知的コントロールが行われるかもしれません。また，ある程度学習が進んだ後は，「もう十分に覚えられただろう」というメタ認知的モニタリングに基づいて，「学習を終了する」というメタ認知的コントロールが行われることになります。メタ認知的知識は，メタ認知的モニタリングとメタ認知的コントロールに利用される，学習者のもっている知識です。たとえば，先ほどの「この単語は難しそうだな」というメタ認知的モニタリングが生じるためには，「（一般に）綴りの長い単語は覚えにくいものだ」という前提知識が必要になります。

　ここまでの説明から，自己調整学習においてメタ認知が重要な役割を担っていることが理解できると思います。予見，遂行のコントロール，自己省察のいずれの段階においても，メタ認知によって正確に自分の学習の状態をとらえ，制御することができなければ，自己調整学習は成立しないのです。

　本章では，古典的条件づけや道具的条件づけのような学習の基本的仕組みから，社会的学習や自己調整学習といったより複雑な学習形態について紹介してきました。本章の「学習＝勉強だと思っていませんか？」というタイトルの意味が，今ではわかっていただけるのではないでしょうか。学習とは勉強活動そのものではなく，学校教育における勉強や，その他日常生活で生じるさまざまな行動に関わる仕組みのことなのです。

引用文献

Flavell, J. H. (1979) Metacognition and cognitive monitoring: A new area of cognitive-developmental inquiry. *American Psychologist*, **34**, 906-911.

Flavell, J. H., Friedrichs, A. G., & Hoyt, J. D. (1970) Developmental changes in memorization processes. *Cognitive Psychology*, **1**, 324-340.

Nelson, T. O., & Narens, L. (1990) Metamemory: A theoretical framework and new findings.

In G. H. Bower (Ed.), *The psychology of learning and motivation: Vol. 26. Advances in research and theory*. New York: Academic Press, pp. 125-173.

Zimmerman, B. J. (1989) A social cognitive view of self-regulated academic learning. *Journal of Educational Psychology*, **81**, 329-339.

Zimmerman, B. J. (1998) Developing self-fulfilling cycles of academic regulation: An analysis of exemplary instructional models. In D. H. Schunk & B. J. Zimmerman (Eds.), *Self-regulated learning: From teaching to self-reflective practice*. New York: Guilford Publications, pp. 1-19.

「学習」を広く学びたい方はこちら！

実森正子・中島定彦（2000）『学習の心理　第2版　行動のメカニズムを探る』サイエンス社。
　学習に関するキーワードがコンパクトにまとめられているテキスト。学習に興味をもったら，最初に手に取ってみるとよい。

山内光哉・春木豊（2001）『グラフィック学習心理学　行動と認知』サイエンス社。
　学習心理学の基本的事項が学べるテキスト。実験の様子のイラストや結果のグラフなど，図表が多く掲載されているのが特徴。

メトカルフェ，J.・ダンロスキー，J.／湯川良三ほか訳（2010）『メタ認知　基礎と応用』北大路書房。
　メタ認知研究の歴史や研究方法，発達など，基本的な事項がまとめられている。メタ認知について詳しく知りたければ，ひとまず本書を読んでおけばOK。

COLUMN **8**　　学習理論を支援に活かす——行動分析学のアプローチ

　　先輩，私，犬への恐怖心を克服したいです……。

そうだなあ，行動分析学の考え方が参考になるかもしれないよ。

　心理学は「学習」というレンズを通じてヒトや動物の心的過程をとらえようとしてきましたが，学習の理論や手法を用いて行動を変えることを主な目的とする領域もあります。**行動分析学**では，ある行動を起こす前と後でどのような環境の変化があったかをセットでとらえ，それらに介入することで行動を変容させることを目指します。行動に伴って環境が変化することを**随伴性**といい，直前の環境→行動→直後の環境というセットを**随伴性ダイアグラム**と呼びます。

　たとえば，教室で授業中に立ち歩き，先生に注意されてもなかなか座らないという児童がいるとします。先生に怒られても行動が変化しないということは，「立ち歩く」という行動によって，何かその子にとって良い環境の変化が生じている可能性があります。たとえば，「立ち歩く」ことによって，その児童は先生や周知の児童からの注目を集めることができ，それを喜んでいるのかもしれません。そこで，「注目されていない」状態（直前の環境）が，「立ち歩く」という行動によって「注目されている」状態（直後の環境）へと変化するという随伴性ダイアグラムを考えます。そうなると，「立ち歩く」という行動を減少させるためには，この随伴性が機能しなくなるようにすれば良いことになります。児童が立ち歩きを初めても授業を中断したりせず，そっと近づいて着席を促すことで周囲の児童に注目させない，という対処が可能かもしれません。

　このように，行動分析学では「学習」というツールを用いて行動を分解していくことで，支援へとつなげているのです。心理学の知見を使っても，相手の心理はコントロールできませんが，相手の行動は変えられるかもしれません。[9]

---

(9)　行動分析学については，こちらの書籍も参照してください。

　　杉山尚子ほか（1998）『行動分析学入門』産業図書。

第9章
「やる気」って何だろう？　本当に必要なの？
──動機づけと学習行動──

勉強するときに，やる気って大事なんですか？

大事だと思うよ。後輩さんはどうして気になったのかな？

そうですね，やる気があったはずなのに何もできないことがあったりしますし。やる気なんて，あってもなくてもできればいいじゃないですか。

なるほど，確かにそうかもしれないね。それなら，どんなものをやる気といったらよいのか，から考えてみようか。それと，一言でやる気といっても，いろんなやる気があることに気づけるかもしれないね。

やる気に種類ですか？

そうそう，たとえば，好きなことをするときと，やらなきゃいけないからやっているときだと，やる気に違いがあるように感じない？心理学ではやる気について研究されているから，やる気の種類の違いによってどんな行動に影響があるのかも紹介しよう。

1 動機づけとは
やる気って何だろう？

動機づけの定義

　この章では，動機づけというものからやる気について考えていきます。やる気は心理学の中では動機づけの一部として研究されてきました。では，この動機づけとはどのようなものなのでしょうか。まずは，動機づけがどのようなものかを知っていきましょう。

　『心理学辞典』によると動機づけとは，「行動の理由を考えるときに用いられる大概念であり，行動を一定の方向に向けて生起させ，持続させる過程や機能全般を指す」（赤井，1999）と述べられています。勉強という行動を例に考えると，動機づけとは，なぜ勉強をするのかというような行動の理由であるとともに，勉強を始めたり，続けるような機能をもつものであるといえます。

　行動が生じるためには，行動をする人や生き物に欲求という行動を引き起こすエネルギーがある状態で，欲求を満たすことができる状況であることが必要だと考えられています。行動が生じる過程には，欲求があり，その欲求を満たすことのできる状況があることによって，さらに行動したくなるといったことまでが含まれています。これも，勉強という行動をするときの動機づけを例に考えてみると，勉強する人の「勉強したい」という欲求や，勉強をすることで「ほめられる」，「テストを無事に乗り越えられる」といった外的な報酬の両方があると，さらに勉強したくなるというのが動機づけの過程であり，行動の始発と行動の持続が動機づけに支えられていると考えられます。

　これらをまとめると，**動機づけ**とは，行動の始発と行動の持続を説明するような概念であることがわかると思います。また，行動の始発や行動の持続には，個人の「～したい」といった気持ちとして思ったりするものだけでなく，テストまでの期日が近いから勉強しなくてはいけないといった環境からの要求によっても行動は支えられています。動機づけでは，こうした個人の欲求だけでな

表9-1 動機づけの高さを判断するための行動的指標

行動的指標	概　要
努　力	課題を達成しようとする間にどのくらい労力をかけるか
潜　時	どれくらい速く反応するか
持続性	反応が続く時間がどのくらいの長さか
選　択	行動を選べる時にどちらを選ぶか
反応確率	どのくらい特定の反応をしやすいか
表情表出	感情が表情にどのくらい現れているか
身体的身振り	どのくらい身振りや手振りが現れているか

（Reeve, 2018より）

く環境からの要求によって行動が開始したり，持続したりするといった動機づけられる過程も含まれる概念であるといえます。

　行動の始発と持続とそれに関連する要因も含む動機づけが，動機づけられたと考えられるには，どのような行動をみたらよいでしょうか。動機づけは，表9-1に示すように7種類の行動として現れるとされています（Reeve, 2018）。これらに注目することで，動機づけの高さが判断できるといえるでしょう。ただし，動機づけが高ければ，7種類すべての行動的指標で変化がみられるわけではありません。

　これらの7つの行動的指標のうち，学校での勉強に関連する，つまり学習意欲に関連したものを考えてみます。勉強している場面でみられやすいものとしては，努力，潜時，持続性，表情表出などがわかりやすいかもしれません。たとえば，努力であれば，どれくらい集中しているか，どれくらい一生懸命やっているか，課題などにどれくらい力を入れて取り組んでいるかといったこととして現れるように思います。潜時であれば，家に帰ってどれくらいすぐに勉強を始められるか，課題が出された時にどれくらい速く取り組み始められるかといったことでみられると思います。持続性ならば，勉強をどれくらい長く続けられるか，どれくらいの日数続けられるか，といったこととしてみられるでしょう。表情表出であれば，勉強しているときの表情をみて，笑顔なのか，嫌悪感なのかといったことで判断できるように思います。

動機づけの構成要素からみたやる気

先ほどは動機づけがどのような行動に現れるかを取り上げましたが，そもそも私たちはどのような動機に基づいて行動を開始したり維持したりしているのでしょうか。たとえば，趣味を始めたり続けていられる動機は好きだから・面白いからという理由

図9-1　動機づけの構成要素（Reeve, 2018より）

が挙げられると思います。その一方で，勉強であれば課題の提出期限に追われているからという動機でやるしかないという状況もあると思います。趣味のように動機が個人の内側にあるものとして考える動機づけは**内的動機**ととらえられ，課題の期限のような環境（個人の外側）に依存する動機は**外的動機**としてとらえられています[1]（Reeve, 2018：図9-1）

外的動機で想定するものは，たとえば，何か提出物の締め切りが近い，単位を取らないと卒業できない科目の期末テストがある，アルバイトのように金銭的報酬がもらえるといった外的に生じるイベントが行動の生起や持続につながる，つまり，動機づけにつながるものとなります。

内的動機は個人の欲求，認知，および感情で構成されると考えられています。欲求は「〜したい」と表現されるような動機です。感情は「楽しい」「退屈である」といった感情が動機に直接的に関わっているような動機です。

認知は取り組む事柄についてどのようにとらえているのかに関する動機です。たとえば，テストが目前に迫っているとしたときに，そのテストについてどのくらいできそうだと考えているかや，テストができるようになることで自分の力を伸ばせると考えているかなどです。これらは一見動機には見えにくいかもしれませんが，こうしたとらえ方によって学習行動などが異なることがわかっ

---

(1)　後述する内発的動機づけと外発的動機づけは，どちらも動機自体は個人の内側にあり，内的動機に含まれるものと考えられます。内的動機と内発的動機づけ，外的動機と外発的動機づけは異なる概念ですので注意しましょう。

ています。動機そのものかということについては疑問に感じる人もいるかもしれませんが，行動の始発や継続に関わることから，動機づけであるとは考えられそうです。

　ここまででみてきたように，動機づけには，好きだからしたいというような内的動機だけでなく，課題の締切が迫っている状況で必要性に迫られているからするというような外的動機も含まれます。内的動機と外的動機は，どちらも課題に取り組み始めたり，取り組み続けるといった行動の始発と持続に関わってきます。そして，動機づけは，勉強をするといった努力だけでなく，どれだけ早く勉強を始められるかといった反応潜時などさまざまな行動として現れる可能性があるのです。

2　動機づけの量の差は行動の違いにつながる？
動機づけは学習行動に影響するか

学習における動機の量的な違いと成績

　動機づけは学習場面にも関わっていると思いますが，学習意欲の高さ，つまり，動機づけの高い・低いといったことは，実際の試験得点の高さや学業成績と関連してくるものなのでしょうか。

　たとえば，中学生の学習意欲と学業成績の関連を検討した研究がありますので，詳しくみてみましょう（杉村・清水，1988）。この研究では，中学2年生を対象にして，動機づけの現れ方として，自分の学習意欲をどのように捉えているか，さまざまな側面からとらえることのできる自己回答式の調査を実施し，9教科の学業成績との関係性を検討しています。その結果，動機づけの現れ方のどれをみるかによって異なってきますが，学習により主体的に関わっていること，集中して取り組んでいること，および，失敗しても学習を続けられることは，全体的な学業成績の高さと関連していることが示されています。また，できるだけ高い学習目標を達成しようとしている生徒も，どのような科目にお

いても高い学業成績であることが示されました。

　このような研究結果を踏まえると，学習に対して高い動機づけをもっている人は，学業成績が良い状態にあることが多いといえそうです。しかし，学習動機の低かった人が，学習動機を高くもつことで，学業成績が改善される，とまでいえるかはわからないため，慎重に考える必要があるでしょう。[2]

達成動機の違いと学習行動

　さきほど，できるだけ高い学習目標を達成しようとしていることと学業成績の関連について紹介しました。この「できるだけ高い目標を達成しようとする」動機は，**達成動機**と呼ばれています。

　「志望校の合格を目指して勉強する」というような，ある目標に向かって具体的に行動することを達成行動と言います。達成行動は，成功したいと思って努力する傾向と失敗を避けたいと思って努力をしないようにする傾向のどちらが大きいかによって表れ方が変わってきます（Atkinson, 1964）。このとらえ方に沿って考えると，達成動機のうち，**成功達成傾向**のほうが**失敗回避傾向**よりも大きいと，達成行動が生じやすいと考えます。反対に，失敗回避傾向が成功達成傾向よりも大きいと，達成行動が生じにくくなると考えます。

　「志望校の合格を目指して勉強する」という達成行動の例に，成功達成傾向や失敗回避傾向の高い状態を考えてみます。成功達成傾向のほうが失敗回避傾向よりも高い状態というのは，志望校の合格を目指す中で，志望校に合格したいという気持ちが強く，合格できなかったときのことはあまり気になっていない状態です。失敗回避傾向のほうが成功達成傾向よりも高い状態というのは，志望校の合格を目指しているが，失敗したときのことばかりを気にしてしまっている状態です。

　達成行動は，成功達成傾向や失敗回避傾向だけではなく，取り組む課題の成

---

(2)　因果関係に興味のある人はこちらの本も読んでみよう！
　　安井翔太（2020）『効果量検証入門──正しい比較のための因果推論／計量経済学の基礎』技術評論社。

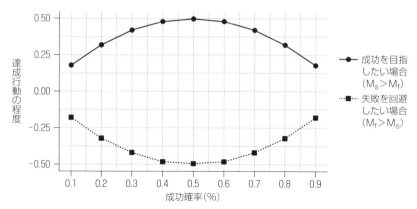

図9-2　2パターンの動機に基づく達成行動（予測値）と成功確率との関係（筆者作成）
　注：凡例の M_s は成功達成傾向，M_f は失敗回避傾向です。

功や失敗の可能性と価値によっても変わってくるとされています。成功や失敗
の可能性は，取り組む課題がどのくらい難しいものかを意味し，簡単な課題で
あれば，うまくいきやすく，失敗しにくいと考えます。

　価値は，成功や失敗を回避することがどれだけ魅力的かにかかわります。た
とえば，成功したらどれくらいうれしいか，失敗したらどれくらい恥ずかしい
かというものです。価値は，課題に成功したときや失敗したときの成功や失敗
の可能性の高さと対応しており，困難な課題であるほど成功したらうれしく，
失敗しても恥ずかしくないものとして解釈されています。たとえば，志望校の
合格を目指すときに，合格できないかもしれないと考えているときに合格でき
ることは，合格はできそうだと思っていたときの合格よりもうれしく感じると
いうものです。

　達成行動に関するとらえ方について整理すると，成功達成傾向が失敗回避傾
向よりも大きい場合と，失敗回避傾向が成功達成傾向よりも大きい場合で，異
なる達成行動の傾向にあることが予測できます。成功達成動機のほうが高い場
合と失敗回避動機のほうが高い場合のそれぞれについて，達成される可能性を
少しずつ変化させてみたときの達成行動の程度を図9-2に示します[3]。

　図9-2をみるとわかるように，成功達成傾向が失敗回避傾向よりも大きい

場合は，成功や失敗の可能性が50％のときに達成行動が最大となり，極端に簡単な課題や難しい課題のときには達成行動が小さくなると考えられます。反対に，失敗回避傾向が成功達成傾向よりも大きい場合は，極端に簡単な課題や難しい課題のときに達成行動が最大になり，成功や失敗の可能性が50％のときに達成行動が最も小さくなると考えられます。

　たとえば，「志望校に合格を目指して勉強する」という達成行動の違いを考えてみましょう。志望校に合格したい気持ちが強く，上手くいかなかったときのことは考えていない人の場合，頑張れば合格できそうな状況で，もっとも努力できると考えられます。それに対して，上手くいかなかったときのことばかり考えてしまう人の場合，ほぼ確実に合格できる，もしくは，ほぼ確実に不合格になる，という状況でもっとも努力できると考えられます。実際に，高い成功達成傾向で低い失敗回避傾向の人は，ほどほどに難しい課題に取り組むときには努力し続けられる人が多く，高い失敗回避傾向の人で低い成功達成傾向の人は，極端に難しい課題のときに努力し続けられる人が多いことが示されています（Feather, 1961）。

　しかし，達成動機だけでなく，その他の動機も達成行動に影響していることも示されています。たとえば，人とどれだけ仲良くなりたいと思っているかという**親和動機**の高さに注目すると，低い親和動機の人の場合は，成功達成動機の高い人のほうが，失敗回避動機の高い人よりも高いパフォーマンスを示した一方で，高親和動機の人ではこのような傾向がみられていません（Atkinson & O'connor, 1966）。

　ここまでみてきたように，単純にやる気がどの程度あるかどうか，という動機の量の問題は，ある程度学業成績とも関連してきますが，やる気の量だけが重要ではなさそうです。

---

(3) 成功達成傾向のほうが高い場合は，成功達成傾向を3，失敗回避傾向を1とし，失敗回避傾向のほうが高い場合は，失敗回避傾向を3，成功達成傾向を1とした場合の達成行動傾向を求めています。達成行動傾向の求め方についてはAtkinson（1964）を参照して下さい。

考えてみよう！

① 達成したいという動機以外にどのようなものがあるか考えてみ
ましょう。

3 **自律性や目標の異なる動機づけ** 動機づけの質の違いは行動の違いにつながる？

質の異なる動機づけを考える

私たちは，好きだからという理由で何かをすることもあれば，アルバイトの
ように報酬がほしいからすることもあります。また，勉強するときに，自分の
力をもっと伸ばすことを目標にすることがあったり，クラスの友人に勝つこと
を目標にすることもあると思います。ここからは，このような動機づけの質の
違いに着目します。以下では，行動をする理由に着目し，自律性の観点から整
理した**自己決定理論**[(4)]と，どのような頭の良さを目指すのか，という**達成目標理
論**に着目して紹介していきます。

自律性の違いによる動機づけの違い

自己決定理論は，自律性に着目し，動機づけの違いを整理した理論です。た
とえば，「自分で学びたくて学ぶ」のように自分で決めたという感覚をもつ動
機づけは**内発的動機づけ**と呼びます。これに対して，「将来なりたい職業に必
要だからやるけれど……」といった学ぶ理由が自分の外にあったり，完全に自
分だけで行動を決めたとはいえない動機づけを**外発的動機づけ**と呼びます。あ
るいは「やれといわれたからやっている」といった自分の中に動機づけがまっ
たくなされていないような動機づけを無動機づけと呼びます。

---

(4) 自己決定理論に興味のある人は，こちらの本も読んでみよう！
ピンク，ダニエル／大前研一訳（2015）『モチベーション3.0──持続する「やる気！」を
いかに引き出すか』講談社＋α文庫。

動機づけのタイプ	無動機づけ	外発的動機づけ			内発的動機づけ
調整のタイプ	調整なし	外的調整　取り入れ的調整		同一化的調整　統合的調整	内発的調整
行動の質	自己決定されない行動				自己決定された行動
具体例		ご褒美がほしくて頑張る，怒られるのが嫌で頑張る。	できる人だと認められたくて頑張る，やらないと恥ずかしいから頑張る。	自分の将来のために必要だから頑張る，自分のなりたいものだから頑張る。	好きだから頑張る，楽しいから頑張る。

図 9 - 3　動機づけや調整のタイプと自己決定の連続性（Ryan & Deci, 2002の図1.1.より）

　これらの動機づけのタイプによって，自分でどのように行動を調整するか，なぜ調整するかという行動調整の原因が変わってくることが仮定されています。特に，外発的動機づけは，自己決定性のない自律性の低い行動調整から自己決定された自律性の高い行動調整までさまざまな調整方法があるとされています（Ryan & Deci, 2002）。それぞれの調整の具体的な例を図9 - 3に示します。

　外発的動機づけの調整方法と，自分が学習内容をどの程度理解しているかをチェックしながら勉強するメタ認知的方略や学業成績との関連を調べてみると，外的調整や取り入れ的調整のような低い自律性に基づく努力は，メタ認知方略の使用や学業成績の向上には関係しないか，ネガティブな影響を与えることが示されています。その一方で，同一化的調整のような高い自律性に基づく努力は，メタ認知方略の使用を増加させることで，学業成績の向上につながることが示されています（西村ほか，2011）。なお，内発的動機づけは，即時的な学業成績にはつながらないものの，長期的にみると学業成績を高めるという研究も報告されています（Murayama et al., 2013）。こうしたことから，子どもたちが，より自律的に学べるような環境を用意することの重要性や，賞罰に基づいてがんばらせようとすることがあまり有効ではないことがわかってきています。

		有能さの定義	
		課題自体の習得・以前より向上しているか	他の人と比べてどうか
有能さの価	達成のために努力	習得接近目標 課題をできるようにする目標，前よりも良い得点を目指す目標	遂行接近目標 他の人と比べて良い成績の取得を目指す目標
	失敗回避のために努力	習得回避目標 課題ができないことを避けようとする目標，前よりも悪い得点を取らないようにする目標	遂行回避目標 他の人と比べて悪い成績をとることを避けようとする目標

図 9-4　達成目標理論の 4 つの目標と具体例（Elliot & McGregor, 2001より）

どのような有能さを目指すかによる動機づけの違い

　動機づけの中でも，有能さと行動の目標に着目した理論として達成目標理論があります。**達成目標理論**では，どのような結果が得られることを有能であるととらえるかに関わる有能さの定義と，こうした有能さをどのように目指すのかに関わる有能さの価を組み合わせた 4 つの目標に分けてとらえていきます[(5)]（図 9-4）。

　複数の研究結果を統合するメタ分析によって，学業成績，達成動機，その他の学習に関連する変数との関連が検討されてきています。たとえば，これまでの研究を統合するメタ分析では，習得接近目標と遂行接近目標の高さは学業成績の高さと関連し，遂行回避目標と習得回避目標の高さは学業成績の低さと関連することが示されています（Hulleman et al., 2010）。また，別のメタ分析では，習得接近目標の高さは興味や楽しさの高さと関連し，不安とは関連しなかった一方で，遂行接近目標の高さは楽しさと関連せず，興味の高さや不安の低さと関連することが示されています（Huang, 2011）。

----

(5)　達成目標理論の中でも複数のモデルや理論がありますが，今回は 2 × 2 達成目標モデルを紹介していきます。

　これらのことから，同じような目標を目指す時にも，成功を目指すのか，失敗を避けようとするのかによって，学業成績や感情といったさまざまなものとの関連が異なることがわかります。子どもたちには，できるだけ失敗を避けようとするのではなく，できることを目指す接近的な目標をもってもらえるように関わることが重要になってきます。

　また，習得接近目標のように課題の習得を目指すことと，遂行接近目標のように他の人よりも優れることを目指すことは，比較的ポジティブな影響が見られているようにみえます。しかし，競争的な環境は，能力に自信がもちにくい状況では，他の人よりも悪い成績を回避しようとする遂行回避目標をもちやすくなってしまうため，他の人との競争よりも取り組む課題ができるようになることに注意を向けてもらえるように関わることが望ましそうです。

　ここまでみてきたように，動機づけといっても単純に「やる気がある」「やる気がない」と単なる量の違いだけで表現できるようなものではないことを確認してきました。何かをしようとする気持ち自体は大事ですが，その理由や何を目指しているのかという目標の違いによって，取り組んでいる時の感情や学習成果にも違いが出てきます。どのような質の動機で，その活動に取り組んでいるのかにも注意するようにしてみましょう。

[考えてみよう！]..

　②　自律性が高い状態で勉強してもらうためには，大人は子どもにどのようにかかわったらよいかを考えてみよう。　

　③　失敗を意識することなく，成功に向かって努力するためにはどのような環境が重要だろうか。

引用文献

赤井誠生（1999）「動機づけ」中島義明・安藤清志ほか編著『心理学辞典』有斐閣，pp. 622-623。

Atkinson, J. W. (1964) *An introduction to motivation.* Princeton, New Jersey: Van Nostrand.

Atkinson, J. W., & O'Connor, P. (1966) Neglected factors in studies of achievement oriented performance: Social approval as incentive and performance decrement. In J. W. Atkinson & N. T. Feather (Eds.), *A theory of achievement motivation*. New York: Wiley.

Elliot, A. J., & McGregor, H. A. (2001) A 2×2 achievement goal framework. *Journal of Personality and Social Psychology*, **80**, 501-519.

Feather, N. T. (1961) The relationship of persistence at a task to expectation of success and achievement related motives. *Journal of Abnormal and Social Psychology*, **63**, 552-561.

Huang, C. (2011) Achievement goals and achievement emotions: A meta-analysis. *Educational Psychological Review*, **23**, 359-388.

Hulleman, C. S., Schrager, S. M., Bodmann, S. M., & Harackiewicz, J. M. (2010) A meta-analytic review of achievement goal measures: Different labels for the same constructs or different constructs with similar labels? *Psychological Bulletin*, **136**, 422-449.

Murayama, K., Pekrun, R., Lichtenfeld, S., & vom Hofe, R. (2013) Predicting long-term growth in adolescents' mathematics achievement: The unique contributions of motivation and cognitive strategies. *Child Development*, **84**, 1475-1490.

西村多久磨・河村茂雄・櫻井茂男（2011）「自律的な学習動機づけとメタ認知的方略が学業成績を予測するプロセス——内発的な学習動機づけは学業成績を予測することができるのか？」『教育心理学研究』**59**, 77-87。

Reeve, J. (2018) *Understanding motivation and emotion*. 7th ed. New York: Wiley.

Ryan, R. M., & Deci, E. L. (2002) Overview of self-determination theory: An organismic-dialectical perspective. In E. L. Deci & R. M. Ryan (Eds.), *Handbook of self-determination research*, pp. 3-33. University of Rochester Press.

杉村　健・清水益治（1988）「中学生における学業成績と学習意欲の関係」『奈良教育大学教育研究所紀要』**24**, 45-51。

Weiner, B. (1972) *Theories of motivation*. Chicago: Rand McNally.

「動機づけ」を広く学びたい方はこちら！

鹿毛雅治編（2012）『モティベーションをまなぶ12の理論——ゼロからわかる「やる気の心理学」入門！』金剛出版。
「やる気」について，さまざまな観点からの研究がまとめられている。質の異なる動機づけにはどのようなものがあるか，本書では扱いきれていない内容も扱われている。

ピンク，ダニエル／大前研一訳（2015）『モチベーション3.0——持続する「やる気！」をいかに引き出すか』講談社＋α文庫。
本書で扱った内発的動機づけと習得接近目標について着目し，その必要性や，応用してどのように「やる気」にできるかが紹介されている。

COLUMN 9　原因の考え方がやる気を変える？

この前の試験の結果はどうだった？　

　期末試験はヤマが外れたから失敗しちゃったんですよね。今回は，運が悪かったです。

そうか，後輩さんは試験失敗の原因が運の悪さにあるとみているんだね。失敗を生かすために，原因帰属について考えてみようか。　

　試験の結果が悪かったとき，自分の能力不足だったのか，努力が足りなかったのか，運が悪かったのか，問題が難しかったのかを考えることがあると思います。このような成功や失敗という結果の原因が何なのかを考えるのが**原因帰属**です。ワイナー（Weiner, 1972）は，達成行動の成功や失敗の原因として，能力，努力，課題の困難度，運の4つを取り上げ，原因帰属理論として2次元に整理しました。1つ目の次元は，原因が自分にあるのか，自分の外にあるのかというもので，2つ目の次元は結果が変わりやすいのか安定したものなのかというものです。そして，原因帰属理論では，何を原因と考えるのかによって，その後の行動も変わってくると考えます。

　たとえば，試験で失敗してしまったときに，原因が自分にあり，結果は変わりやすいものだと考えるならば，次は結果を変えてみようと思いやすく，努力につながりやすくなるはずです。それに対して，原因は自分にあっても結果は安定しているものだと考えるならば，何をしても結果は変わらないと考え，努力にはつながりにくくなってしまいます。また，原因が自分の外にあると考えるなら，自分にできることは何もないと考えるでしょう。このように，結果の原因は何かを考えるときに，どうしたら結果はより変わりやすいものになるか，どうしたらより自分が関わるものとしてとらえられるのかを意識してみるとよいかもしれません。

第10章

テストだ！ ピンチだ！ 覚えなきゃ！
――記憶のメカニズム――

ダイアローグ

先輩，助けてください！ 来週，外国語のテストがあるんですけど，単語や文法が全然覚えられなくて……。私，記憶力がないんですよね……。どうやったら覚えられるんでしょう？

それは大変だね。いつもはどんなふうに勉強しているの？

えっと……とりあえずノートにたくさん単語を書いたり，赤シートを使ったりして暗記できるように頑張ってます！

そうなんだね。物事を効果的に記憶するためには，記憶のメカニズムや，効果的な記憶方法を知っておくといいかもしれないよ。

1 記憶とは
「覚えること」＝暗記なの？

記憶の役割

　「記憶」と聞くと，テスト前の暗記を思い浮かべるかもしれませんが，勉強や受験に限らず，私たちが毎日の生活を送る上で記憶は重要な役割を担っています。たとえば，物の使用方法がわからないとそれらを適切に扱えませんし，授業でもこれまでに習った内容を覚えていなければ，新しい内容についていけなくなってしまいます。友人の顔や名前，人との関わり方を知っていなければ，友人とコミュニケーションをとることもままならないでしょう。このように私

たちの生活は多くの知識に支えられています。そして，日常に溢れているさまざまな情報を知識として蓄え，利用することに記憶は役立っているのです。

記憶の過程

では，私たちはどのように情報を知識として蓄えているのでしょうか？ 認知心理学[(1)]によると，ヒトの記憶はコンピュータに情報を蓄えるようなものだとされています。コンピュータに情報を蓄えて適切に利用するためには，外部から入力された情報を適切な形に変換して記録し（符号化），一定期間フォルダなどに保存し（貯蔵），必要に応じて情報を取り出す（検索）必要があります。ヒトの記憶も同様に，外部から目や耳などを通して入力された情報を覚え，一定期間覚えておき，適切なタイミングで思い出すという3つの手順から成り立っています。この際，覚えることを**記銘**（または符号化），覚えておくことを**保持**（または貯蔵），思い出すことを**想起**（または検索）と呼びます。

考えてみよう！ ....

① 私たちの生活の中で記憶はどのように役立っているでしょうか？ たとえば，記憶が1日しかもたないとしたら，どのような不都合があるでしょうか？

② テスト勉強では，どのような方法が有効だと思いますか？ 自分なりに予想してみましょう。

---

(1) 認知心理学とは，ヒトの情報処理過程をコンピュータにたとえてモデル化することで，ヒトの心を理解しようとする学問です。認知心理学について興味がある人は，こちらの本も読んでみよう！

　服部雅史・小島治幸・北神慎司（2015）『基礎から学ぶ認知心理学——人間の認識の不思議』有斐閣ストゥディア。

2 記憶の二重貯蔵モデル
授業の最初と最後の話は覚えている！

記憶の二重貯蔵モデルとは

　私たちは日々多くの情報に接していますが，すべての情報を知識として記憶しているわけではありません。情報を知識として蓄えるためには，一連の情報処理過程が必要です。記憶の情報処理過程をモデル化したものが，図10-1に示した**二重貯蔵モデル**です（Atkinson & Shiffrin, 1971）。このモデルのうち，四角で表された部分は情報を保持する貯蔵庫を示しています。また，矢印は情報の流れと情報への処理を示しています。図10-1を見ると，外界から入力された情報は感覚記憶と短期記憶を経て長期記憶へと移行することで，知識として蓄えられていきます。これら一連の過程について順番に見ていきましょう。

　まず，外界から入力された情報は**感覚記憶**で保持されます。感覚記憶では，目や耳といった感覚器官から入力されたほとんどすべての情報を数秒間だけ保持することができます。たとえば，本書を読んでいる読者のみなさんの感覚記憶には，今まさに目からの情報である紙面の色や文字が入力されていますし，周りの物音も耳からの情報として入力されているでしょう。

　感覚記憶に保持された情報のうち，注意が向けられた情報は，**短期記憶**へと送られます。たとえば，本書を読んでいるみなさんは文章や図表に注意を向けているでしょうから，注意が向けられなかった周りの物音といった情報は短期記憶へは送られません。また，短期記憶では，短時間ではありますが感覚記憶よりも長い時間情報を保持できます。ただし，短期記憶では一度に保持できる情報の量が限られており，短期記憶に入りきらなかった情報は消失してしまい

---

(2)　ここで言う注意とは「気をつける・用心する・忠告する」といった辞書的な意味の「注意」ではなく，情報処理の進行を制御するためのメカニズムのことを指します。ヒトは多くの情報すべてを一度に処理することはできないため，情報を取捨選択する必要がありますが，その役割を担っているのも注意です。

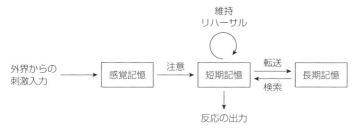

図10-1　二重貯蔵モデルの略図（Atkinson & Shiffrin, 1971をもとに筆者作成）

ます。この短期記憶容量の限界は，だいたい7±2チャンクだと言われています（Miller, 1956）。**チャンク**とは意味のまとまりのことです。たとえば，鎌倉幕府の成立年を覚える際に1185年とそのまま年号を覚えようとすると4桁の数字となりますが，「いいハコ作ろう鎌倉幕府」のように語呂合わせで覚えると「いいハコ」というひとつの意味のまとまりになるため，容量の節約ができます。

　短期記憶に保持された情報のうち，覚えようと努力された情報は**長期記憶**へと送られます。たとえば，本書を読んでいるみなさんは「記銘，保持，想起，記銘，保持，想起……」というように重要語句を繰り返し心の中で（あるいは声に出したり紙に書いたりして）唱えることで覚えようとしているかもしれません。このように覚えるための努力のことを**記憶方略**と呼び，中でも，繰り返し唱えて覚えようとする方法は**リハーサル**と呼ばれます。

　記憶方略を用いて長期記憶に送られた情報は，理論上半永久的に保持されます。また，長期記憶の容量には制限がないとされており，さまざまな情報を保持することができます。具体的には，みなさんが学校で習うような一般的な知識に関する記憶（**意味記憶**）や，思い出の記憶（**エピソード記憶**），自転車の乗り方や日本語の発音の仕方など言葉で表現することが難しい記憶（**手続き的記憶**）が保持されています。

　ここまでで，入力された情報が感覚記憶から短期記憶を経て長期記憶へと保持され，知識として蓄えられるまでの流れを説明してきましたが，図10-1を見て「長期記憶から短期記憶へ引かれた矢印は何だろう？」と疑問を感じた人もいるでしょう。実は，長期記憶にある情報は普段意識されることがない情報

であり，意識するためには情報を短期記憶へと呼び戻す必要があります。短期記憶と長期記憶の関係は，たとえるならば図書館の閲覧席と本棚のようなものです。普段みなさんが図書館の本棚にしまわれているすべての本を意識することがないように，長期記憶にある情報も普段は意識されていません。そして，本棚から読みたい本を取り出して閲覧席で読むことでその内容を知るように，長期記憶から情報を検索して短期記憶に取り出すことで，情報を意識的に扱うことができるようになるのです。

二重貯蔵モデルの根拠——系列位置効果

　記憶の情報処理過程として二重貯蔵モデルを紹介しましたが，果たしてこのモデルは本当にヒトの記憶の情報処理過程を上手く表現できているのでしょうか？　短期記憶や長期記憶というものは本当に存在するのでしょうか？

　二重貯蔵モデルの根拠としてよく登場するのが**系列位置効果**です。系列位置効果の実験では，参加者に複数の単語を順番に見せ，覚えてもらいます。そして，すべての単語を提示した後に，覚えている単語をすべて回答してもらいます。その結果が図10-2の実線です。図10-2では，縦軸に再生率が，横軸にリストの中で各単語が提示された順番が記載されています。したがって，たとえば，5番目に提示された単語の正答率はおおよそ0.3（30%）というようになります。ところで，この図を見て何か気づきませんか？　リストの中で最初の方に提示された単語と，最後の方に提示された単語は再生率が高くなっていますよね。このように，情報が提示された順番によって記憶成績が変わることを系列位置効果と呼び，最初の方に提示されたものをよく覚えていることは**初頭効果**，最後の方に提示されたものをよく覚えていることは**新近性効果**と呼ばれます。

---

(3)　再生とは，覚えている情報をそのまま再現させる想起方法のことです。ほかにも，再認という想起方法もあります。これは，情報に関する何らかの手掛かりを与えた上で，覚えた情報か否かを判断させる方法です。今回の実験で言えば，単語を提示した上で学習時にあったかなかったかを判断させる場合は再認となります。

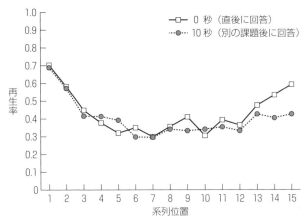

図10-2 系列位置効果のグラフ （鍋田・楠見，2015より）

　では，初頭効果と新近性効果はなぜ生じるのでしょうか？ 実は，これらに関連しているのが短期記憶と長期記憶です。まず，リストの最初の方に提示された単語は，再生を求められるまでに時間があるため，リハーサルなどの記憶方略がとられやすくなります。そして，二重貯蔵モデルで説明したように，記憶方略を使って覚えようとした情報は短期記憶から長期記憶に送られます。したがって，リストの最初の方の単語は長期記憶に送られたことで再生成績が高くなったと考えられます。一方，リストの最後の方に提示された単語は再生を求められるまでの時間が比較的短いため，まだ短期記憶に情報が残っています。そのため，再生成績が高くなると考えられています。ここまでをまとめると，初頭効果は長期記憶の存在と，新近性効果は短期記憶の存在と対応しています。裏を返すと，二重貯蔵モデルの短期記憶と長期記憶は系列位置効果という人の記憶の特徴を上手く説明できており，それらは存在すると考えられるのです。

　なお，この実験には続きがあります。先ほどまでは単語を提示した後すぐに再生を求めていましたが（これを直後再生と呼びます），続きの実験では単語を提示し終わった後に暗算などの別の課題を挟んでから再生を求めました。その結果が図10-2の点線です。直後再生と同様に初頭効果は現れていますが，新近性効果はなくなっています。二重貯蔵モデルで説明したように，長期記憶に転

送された情報は理論上半永久的に保持することが可能です。しかし，短期記憶に保持された情報は注意がそれてしまったり，別の情報に書き換わってしまったり，記憶方略がとられなかったりすると，消えてしまいます。短期記憶にあった情報が暗算課題の内容で上書きされたことで，思い出すことができなくなってしまい，結果として新近性効果がなくなったと考えられています。

3 覚える時のコツ 記憶方略

いろいろな記憶方略

みなさんは何か物事を覚える時，どのように覚えていますか？　覚えたい単語をノートにたくさん書くなどで覚えようとする場合は，先ほど紹介した**リハーサル**という方略にあたります。また，新しい知識を既有知識と結び付けて覚える方略は，**精緻化**と呼ばれます（たとえば，系列位置効果という用語を新たに覚える際，それ以前に覚えた短期記憶や長期記憶と結び付けて覚える）。ほかにも，覚えようとする知識同士を整理して覚える方略は，**体制化**といいます（たとえば，感覚記憶・短期記憶・長期記憶の保持時間や容量など，覚えたい内容を表にまとめて整理して覚える）。

どの覚え方が有効？——処理水準説

いろいろな記憶方略がありますが，せっかくならより効果的な覚え方をしたいものです。ここで，**処理水準説**（Craik & Lockhart, 1972）を紹介します。処理水準説とは，処理の水準が深いほど記憶成績が高くなることを表したモデルです。ここでいう処理の深さとは，情報に対してどれだけ意味的な処理を行ったかを指しており，意味的な処理が多く行われているほど深い処理になります。

処理水準説も踏まえながら，先ほど紹介した3つの記憶方略（リハーサル・精緻化・体制化）のうち，どの方略がより効果的かを考えてみましょう。精緻

化のように入力された情報を既有知識と結び付けるためには，入力された情報の意味を理解する必要があるでしょう。また，体制化のように，情報同士を整理して覚えるためにも，各々の情報の意味を考えたり理解したりする必要があります。したがって，精緻化や体制化は意味的な処理を伴う深い処理であるといえ，効果的な方略だと考えられます。他方，リハーサルはどうでしょうか。しっかりと意味を考えた上で繰り返し唱えたり書いたりする場合は深い処理といえるかもしれません。しかし，意味を考えずに口や手をただ動かしているだけという場合は，意味的な処理が伴っていないため，効果が得られにくくなってしまうかもしれません。よりよく記憶するためには，闇雲に丸暗記しようとするのではなく，意味を考えたり理解しようとしたりすることが重要です。

4 ワーキングメモリ 頭の中だけで考えるって難しい！

短期記憶からワーキングメモリへの展開

　二重貯蔵モデルにおける短期記憶では，情報を短時間保持することができました。しかし，私たちが行っている情報処理はもっと複雑なはずです。たとえば，2桁＋2桁の暗算をすることを想像してください。まずは計算式を覚えておき，次に一の位の計算をします。そして，計算結果を一時的に覚えておきながら十の位を計算し，答えを出します。このように，暗算を行うためには数という情報を保持しておくだけではなく，計算のように情報を操作（処理）する必要があります。すなわち，単なる一時的な情報の保管庫ではなく，情報を操作したり処理したりすることもできる作業台のようなものが必要になります。この作業台にあたるものは，**ワーキングメモリ**（作業記憶，作動記憶）と呼ばれます。ワーキングメモリは，短時間必要な情報を覚えておきながら操作する記憶機能として定義されています（Baddeley & Hitch, 1974）。

　ワーキングメモリの代表的なモデルとして，バドリー（Baddeley, A）のモデ

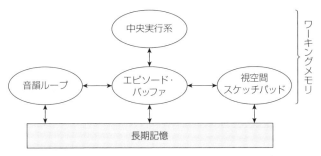

図10-3　Baddeley らによるワーキングメモリモデル

(Baddeley et al., 2011をもとに筆者作成)

ルを紹介します（図10-3）。このモデルでは，ワーキングメモリを４つの構成
要素からとらえています。音韻ループでは，言語や音韻的な情報を一時的に保
持します。教室場面における教師の口頭説明は，耳から入る言語的な情報です
ので，音韻ループで保持されます。他方，視空間スケッチパッドでは，視空間
的な情報を一時的に保持します。教室場面における黒板の図などは視覚的な情
報ですし，自分や友人の座席の位置などは空間的な情報ですので，これらの情
報は視空間スケッチパッドに保持されます。中央実行系では，ワーキングメモ
リと関わる情報の制御がなされるほか，注意の焦点化や切り替え・分割などの
注意のコントロールが行われます。最後に，エピソード・バッファでは，他の
構成要素にある情報を統合したり，長期記憶とのやり取りがなされたりします。
　バドリーらのモデルから読み取れるワーキングメモリのポイントは次の２点
です。第１に，言語と視空間は分かれています。そのため，言語的な情報を扱
うことが得意な人もいれば，視空間的な情報を扱うことが得意な人もいます
（もちろん，その両方が得意な人も，その両方が苦手な人もいます）。第２に，ワーキ
ングメモリは注意や長期記憶とも関連しています。これは二重貯蔵モデルの短
期記憶と同様です。注意を向けることでワーキングメモリ内の情報を操作でき
るようになりますが，注意がそれてしまうと情報は失われてしまいます。また，
ワーキングメモリは長期記憶への入り口としても機能しますし，長期記憶にあ
る情報を取り出して操作する役割も担っています。

ワーキングメモリと学習

　ワーキングメモリは脳の作業台のようなものであり，言い換えると脳の黒板やメモ帳のようなものです。脳の黒板やメモ帳の大きさであるワーキングメモリ容量には個人差や発達差があり，容量が小さいとさまざまな場面でつまずくことが明らかになっています。学習場面であれば，板書をノートに写すのが遅い，同時にいくつかのことを求められるとつまずいてしまう，課題や作業の進行状況がわからなくなる，うわの空になることが多いといった特徴があります（湯澤・湯澤，2017）。

　ほかにも，言語や音韻情報の保持や処理が苦手な場合は，教員の口頭での指示をすぐに忘れてしまう，国語の時間に読みのミスが多かったり長文読解や作文につまずいたりする，算数の九九や文章題が苦手だと言われています。また，視空間情報の保持や処理が苦手な場合は，漢字の形が覚えられない，算数では文章題が苦手で，図形の性質や立体図形の展開図も理解しづらい，技能教科では模写が苦手だったりダンスなど一連の動作を覚えるのが苦手だったりするとされています（湯澤・湯澤，2017）。さらに，ワーキングメモリ容量が小さいことによる学習場面のつまずきは，学習成績にも表れます。たとえば，国語や数学・理科といった教科でワーキングメモリ容量が小さいほど学習成績が低いことが示されています（ギャザコール＆アロウェイ，2009）。

考えてみよう！　..

　③　ワーキングメモリが小さいと学習面でさまざまなつまずきが見られます。なぜ，ワーキングメモリが小さいと学習につまずくのでしょうか？　

ワーキングメモリ理論に基づく指導

　ワーキングメモリ理論に基づく指導では，４つの基本原理から成る指導を行

うことで，学習でつまずきがちなワーキングメモリ容量の小さい子どもたちだけでなく，教室にいるすべての子どもたちにとってわかりやすい指導を提案しています（湯澤・湯澤，2017）。基本原理のひとつ目は，情報の整理です。入力される情報を覚えやすいように整理することや，情報を言葉で伝えるだけでなく文字や図もあわせて伝えるなどの**多重符号化**⁽⁴⁾を行うことが有効です。

　２つ目は，情報の最適化です。入力される情報が複数ある場合，一気に入力しようとするとワーキングメモリ容量の限界を超えてしまいますので，情報を細かく分けて提示したり，課題における一連の手順を**スモールステップ**に分けたりすることで一度に扱う情報の量を少なくします。この際，情報を細かく分けたことで一連のまとまりが失われてしまわないように，適宜，情報を再統合します。ほかにも，課題に要する時間を想定した上で時間設定を調整します。

　３つ目は，記憶のサポートです。記憶方略の活用を促して覚えやすくさせます。また，長期記憶を利用させるために情報に意味を与えたり，既有知識と関連付けたりします。さらに，頭の中のメモ帳だけでは上手く情報を扱えないので，実際のメモ帳を使ってメモをとったり，教科書を活用したりするなど，記憶をサポートしてくれるような補助教材を用いることも効果的です。

　４つ目は，注意のコントロールです。課題の目的や学ぶべき事柄に注意を向けやすくする工夫を行います。ゆくゆくは子ども自身が，自らの学習の理解度や進度をモニタリングし，効果的な学習方法を使えるように促すことも重要です。表10-1に，４つの基本原理の具体例をまとめました。将来，子どもに指導する際の参考にしてください。

　以上のように，単なる試験のための暗記だけでなく，日常生活のさまざまな場面で記憶は役立っています。情報を知識として蓄えるために，二重貯蔵モデ

---

(4)　多重符号化とは，視覚や聴覚など複数のモダリティで符号化させることです。言語の情報を扱うことが得意な人もいれば，視空間の情報を扱うことが得意な人もいるため，情報を言語と視空間の両方で与えることで，片方が苦手な人でも自分の得意な側面を活かして覚えやすくなります。

表10-1　ワーキングメモリ理論に基づいた支援方略の具体例

基本原理	具体例
情報の整理	・大切な情報は口頭で伝えるだけでなく，文字や図でも示す ・子どもの発表後に，教師がそのポイントを整理する
情報の最適化	・短い言葉で簡潔に指示をする ・授業内容や課題の手順を細かく分ける ・考えたり問題解決を行ったりする時間を十分に取る ・授業の最後にまとめを行い，情報を再構造化する
記憶のサポート	・授業の冒頭で前回の授業の内容を確認する ・よく知っている事例や具体物を用いながら説明する ・学習の流れや板書・ノートの取り方を構造化する ・子どもがわからなくなった時にすぐ参照できるような補助資料を用意する
注意のコントロール	・学習の流れを板書やカードで明示し，見通しを持たせる ・「はい，先生の話を聞きましょう」のように，子どもの注意を向けさせてから指示を出す ・子どもに指示や話の内容を復唱させるなどして，理解度のモニタリングを促す

（湯澤・湯澤，2017をもとに筆者が内容を改変して作成）

ルでは，情報に注意を向けることや，記憶方略を用いて覚えようと努力することが必要でした。記憶方略にもさまざまな方法があり，とくに意味的処理を伴う方略が有効だと考えられます。さらに，ワーキングメモリの理論から，単なる情報の保管庫ではなく作業場（脳の黒板・メモ帳）という考えも主流となりました。教師として子どもの学習を促すために，また，自らも学習者として効果的に学ぶために，脳の作業場から情報があふれてしまわないような取り組みが重要です。

引用文献

Atkinson, R. C., & Shiffrin, R. M. (1971) The control of short-term memory. *Scientific American*, **225**, 82-90.

Baddeley, A. D., Allen, R. J., & Hitch, G. J. (2011) Binding in visual working memory: The role of the episodic buffer. *Neuropsychologia*, **49**, 1393-1400.

Baddeley, A., & Hitch, G. (1974) Working memory. In G. H. Bower (Ed.), *The psychology of learning and motivation* (pp. 47-89). New York: Academic Press.

COLUMN **10** 「もうすぐテストだ！」──どのように勉強しますか？

記憶の特徴と効果的な勉強方法がわかってきました。来週のテストに向けて，効果的な勉強方法をもっと教えてください！

テストまで時間があるからって油断して，テスト前日に一夜漬けで覚えればいいと思っていないかな？　せっかく時間があるなら，一夜漬けじゃなくてコツコツ勉強した方が効果的だよ。

　テストに向けて５時間勉強するとして，前日に５時間勉強する場合と，５日前から１日１時間ずつ計５時間勉強する場合のどちらが効果的なのでしょうか？　前者は，時間間隔をあけずに学習する集中学習，後者は適切な時間間隔をあけて学習する分散学習と呼ばれます。分散学習は集中学習よりも効果的であることが知られており，これを**分散効果**といいます。なお，スポーツや楽器の演奏といった技能学習における手続き的知識の獲得でも同じことが言えます。

　ほかにも，記憶を促進する効果として，**文脈依存効果**や**テスト効果**が知られています。文脈依存効果は，記銘時の文脈と想起時の文脈が一致していると再生成績が高くなるというものです。ここで言う文脈とは情報が与えられた時の状況のようなもので，どこでその情報を得たのかという場所も一種の文脈です。したがって，たとえば，授業で聞いた内容は家よりもその授業を受けた講義室で思い出しやすいと言えます。他方，テスト効果とは，覚えたものをテストする（想起する）ことで記憶成績が上がるという効果です。試験に出た問題はよく覚えているということもこれにあたりますが，試験後に記憶成績が上がっても意味がないと感じる人もいるかもしれません。そのような場合は，実際の試験で思い出すことができるように，あらかじめ自分できちんと内容を覚えられたか確認テストをしてみることが有効でしょう。

Craik, F. I., & Lockhart, R. S. (1972) Levels of processing: A framework for memory research. *Journal of verbal learning and verbal behavior*, **11**(6), 671-684.

Craik, F. I., & Tulving, E. (1975) Depth of processing and the retention of words in episodic memory. *Journal of experimental Psychology: General*, **104**(3), 268-294.

ギャザコール，S. E. & アロウェイ，T. P. ／湯澤正通・湯澤美紀訳（2009）『ワーキングメモリと学習指導——教師のための実践ガイド』北大路書房。

Miller, G. A. (1956) The magical number seven, plus or minus two: Some limits on our capacity for processing information. *Psychological review*, **63**, 81-97.

鍋田智広・楠見孝（2015）「第1部　実験　第10章　単語記憶の再生」日本心理学会認定心理士資格認定委員会編『認定心理士資格準拠　実験・実習で学ぶ心理学の基礎』金子書房。

湯澤正通・湯澤美紀（2017）『ワーキングメモリを生かす効果的な学習支援：学習困難な子どもの指導方法がわかる！』学研プラス。

「記憶」を広く学びたい方はこちら！

高野陽太郎編（1995）『認知心理学2　記憶』東京大学出版会。
　認知心理学における記憶の具体的な研究が紹介されている。図表を多く用いながら，専門的な内容を丁寧に解説している。

ギャザコール，S. E.・アロウェイ，T. P. ／湯澤正通・湯澤美紀訳（2009）『ワーキングメモリと学習指導——教師のための実践ガイド』北大路書房。
　ワーキングメモリと学習の関連についてわかりやすく説明がなされている。ワーキングメモリが小さい子どもの特徴や，支援方法も紹介されているため，ワーキングメモリ理論を踏まえた教育を実施する上で参考となる。

第11章
「どうしよう……？」と困ったときの私たち
──問題解決と専門家としての成長──

先輩さん，お久ぶりです……。

後輩さん，久しぶりだね。どうしたの？　なんだかあまり元気が無
いようだけれど。

教育実習に行ってきたんですけれど，研究授業が全然上手くいかな
かったので，落ち込んでいたんです。

そうだったんだね。たとえば，どんなことがあったの？

しっかり準備したのに，私が生徒に質問したら，予想外の反応がた
くさん出てきて，頭の中が真っ白になってしまったんです。でも，
ベテランの先生は似た状況でも難なく対応されていて，自分の未熟
さを感じました。

僕も教育実習に行ったから，後輩さんの気持ちがよくわかるよ。実
は，後輩さんが上手くいかなかったときのことや，それを難なく乗
り越えていたベテランの先生たちの姿も，心理学とその関連領域で
は大事な研究テーマになってきたみたいだよ。

1 問題解決 問題に直面したときの私たち

「問題解決」をめぐる論争の歴史

　皆さんは最近，生活の中で「どうしよう……」とか，「困ったなぁ……」などと思ったことはありますか?　もしあったとしたら，それはどんな時でしょうか?　私たち人間は何気なく生活しているだけでも，色々な困りごとに直面し，そのつど解決しながら生きています。この章では，そうした私たちの姿や，そこで生じている「**問題解決**（problem solving）」の思考に迫った代表的な心理学研究を紹介していきます。その上で，後輩さんの経験を参照しながら，専門家である教師の成長に関する研究についても一部紹介していきます。

　人間をはじめとする生き物は，生きる中で問題に直面します。その際，生き物が問題を解決していけるのはどうしてなのでしょうか。この理由について，古典的な心理学研究では，大きく2つの視点から考えられてきました。ひとつは，生き物は何度も問題に立ち向かうことで，偶然にも解決ができてしまうこと，そしてそれを繰り返していくうちに，次第に解決が可能な行動が学習されるという**試行錯誤**の考え方です。もうひとつは，頭の中で電球がピカーンと光るような，ふとした瞬間に解決策がひらめくという**洞察**の考え方です。日常的には，どちらも"あるある"のような気もします。しかし，実はこの2つが，心理学では論争になってきた歴史があるのです。ひとつずつ確認していきましょう。

試行錯誤

　試行錯誤は，心理学における行動主義という考え方を背景に生まれました（行動主義の詳細を知りたい方は，第2章を参照してください）。そして，行動主義による試行錯誤の観点を導出した人物の1人が，ソーンダイク（Thorndike, E. L.）でした。ソーンダイクは，生き物の問題解決を，試行錯誤による学習から説明しようとしたのです。

ソーンダイクによる代表的な実験が，問題箱（puzzle box）という装置を使った実験です（Thorndike, 1898）。この実験ではまず，空腹になった猫を，ドアがついた箱の中に入れます。その箱には，輪になった紐がついていて，それを引っ張るとドアが開く仕組みで作られていました。猫はお腹が空いているので，きっと早く箱から出たいですよね。でも，猫はどうすれば外に出られるかわかりませんので，でたらめに行動することになります。そして，あるとき偶然にも，猫が紐を引っ張る瞬間が訪れます。ドアが開いて，猫は外に出ることができました。めでたしめでたし……ということを何度か繰り返します。すると，猫は箱に入れられた後，紐を引くようになっていきます。もしかすると，時折SNS等で話題になる，器用に扉のドアノブを引いて部屋を出入りする猫の姿もまた，こうした試行錯誤の賜物なのかもしれません。

以上のような猫の変化を，ソーンダイクは行動主義の考え方に基づいて，刺激Sと反応Rとの関係から考えました。問題箱という刺激Sに対して，実験開始当初における猫の反応Rはさまざまです。がむしゃらに外へ出ようとする猫の姿を，ここではR_1，R_2…R_xというような，たくさんの反応パターンの現れとして考えます。そして，紐を引く反応R_xで扉が開くという経験を繰り返すと，R_xが問題解決に有効な反応だとわかってくるので，特定の刺激Sに対してR_xが起こりやすくなります。これを**効果の法則**（law of effect）と言います。また，何度も繰り返された反応は起こりやすくなるという**練習の法則**（law of experience）もあります。このような試行錯誤の先に，次第にある特定の刺激Sと，それに対する特定の反応R_xの結びつきが強くなっていき，生き物は問題を解決できるようになっていく。これが，ソーンダイクをはじめとする，行動主義による問題解決をめぐる試行錯誤の考え方でした。

洞　　察

私たちの問題解決のあり方をうまく説明し得ているように見える試行錯誤の考え方ですが，後に，これを批判する考え方を唱える動きが出てきました。その代表的な心理学者の1人が，ケーラー（Köhler, W.）でした。ケーラーは，心

を要素に分解せずその全体性からとらえようとした，ゲシュタルト心理学の考え方に基づいて研究を進めていました。「ゲシュタルト」と言うと，少し難しい用語に思えるかもしれませんが，行動主義との比較で考えるとわかりやすくなります。簡単に説明しましょう。先述したソーンダイクの寄って立つ行動主義は，人間の心の動きを，刺激Ｓと反応Ｒという，きわめてシンプルな要素にまで分解し落とし込むことで説明しようとしました。心に関する多くのことは，この刺激Ｓと反応Ｒの，２つで説明できると考えたのです。一方のゲシュタルト心理学は，心を要素に分解せず，その全体的な構造と動きを把握しようとしました。そしてその学派は，問題解決に関する研究において，**知識の再構造化**（restructuring）と**洞察**（insight）をとらえる重要性を訴えることになりました。ケーラーによる代表的な研究を参照しながら確認しましょう。

　ケーラーは，チンパンジーを対象とした実験を通して，行動主義による問題解決の考え方を批判しました（Köhler, 1925）。ここからは，チンパンジーを対象とした実験場面を想像しながら文章を読んでください。ある実験室にチンパンジーが入れられました。実験室には，天井の高い所に，チンパンジーの大好きなバナナが吊り下げられています。しかし，チンパンジーは手を伸ばしても，どうやってもバナナを取ることができません。これでは，実験箱における猫のように，何度も繰り返しうまくいく行動を繰り返すことはできませんよね。でも，バナナを食べたい……さて，チンパンジーはどうするでしょうか。チンパンジーは色々考えた後，急に実験室に置いてあった箱を積み上げはじめました。そして，その箱の上に登り，ついにバナナを取ることに成功したのです。

　このチンパンジーの行動は，行動主義による刺激Ｓと反応Ｒとの関係では説明することができません。なぜなら，特定の刺激Ｓに対して反応Ｒが有効であるという学習が起こっていないにもかかわらず，チンパンジーは苦悩の果てに，急にバナナを取る解決策を見つけてしまったからです。そこでケーラーが考えたのは，チンパンジーは洞察を得たということでした。チンパンジーはバナナを前にして，しばらくの間，**インパス**（impasse）と呼ばれる長い行き詰まりに直面していました。その後，問題解決をめぐる知識を再構造化すること

で，ふとした瞬間「あ！　そうか！（Aha!）」と正解をひらめきました。そうした問題解決をめぐるひらめきは，**アハ体験**（Aha! experience）と呼ばれています。

　こうして，問題を新しい見方でとらえることで，ふとした瞬間，突然に問題の解決方法が導かれるのではないかと考えたゲシュタルト心理学による洞察の視点は，行動主義心理学の試行錯誤に対する批判として台頭しました。そして，問題解決をめぐる心理学研究の歴史は，この洞察の考え方の延長上で進められてきたのです。

2 問題解決のプロセス
　解決までの思考のあり方をとらえる

ヒューリスティックと機能的固着

　ここで，ケーラーの実験の，箱を積んで登ることでバナナを取ることができたチンパンジーの気持ちを想像してみましょう。これは少し空想じみているかもしれませんが，もしかすると「あぁ！　な〜んだ，そういうことか」と思っているかもしれませんよね。みなさんもまた，全然うまくいかないことに対してふと解決策を見つけることで，「あ！　そうか！」と感じたりしたことが，日常的にあるのではないでしょうか。たとえば，みなさんが新型の電化製品を意気揚々と買ってきたり，新しいアプリをスマートフォンにダウンロードしたりしたときのことを考えると，想像しやすいかもしれません。もし，以前使っていた製品やアプリとは，ボタンの配置や使い方が違っていたら，また説明書などを見ないでいたら，きっと「なんで思い通りに動かないんだ……」となりますよね。そして，ある瞬間「あぁ，このボタンが○○か！」と気づく瞬間が訪れる。そうした場面をイメージしてくれると，ここからの話がわかりやすくなります。

　私たちは，**ヒューリスティック**（heuristic）と呼ばれる，必ず問題を解決で

きる保証はないけれども，たいていの場合はうまくいく方法を好む傾向があります。なお，決まったやり方があり，それを実施すれば必ず正解にたどり着くことが保証されている一定の手続きのことは，ヒューリスティックに対して**アルゴリズム**（algorism）と呼ばれています。アルゴリズムなら必ず解決できるのにもかかわらず，私たちはヒューリスティックを好みます。その理由として考えられてきたのは，ヒューリスティックを用いることで，思考のための認知資源を節約することができるほか，判断までの時間も短縮できるためというものです。私たちの頭の中の情報処理能力は，無限ではありませんからね。

　しかし，当然ながら，ヒューリスティックは常に問題解決につながるわけではなく，むしろ仇となることもあります。ヒューリスティックが仇となることを示した代表的な実験が，ドゥンカーによる「ロウソク問題」です（Duncker, 1945）。以下の文章を，「ロウソク問題」の実験を受けることになった協力者だと思って，想像しながら読んで下さい。

　　机の上にある材料（ロウソク1本，マッチ箱，画鋲のたくさん入った箱）だけを
　　使って安全に，火をともしたロウソクを壁に固定するには，どうしたらよい
　　でしょうか？

　さて，どうすれば，火のついたロウソクを安全に壁に固定することができるでしょうか？　思いつくかお手上げになったら，次の文章へ読み進めましょう。
　正解は，「箱をロウソクの台として用いる」という方法でした（図11 -1 中央の写真を参照）。回答の例をご紹介します。画鋲（もしくはマッチ）をすべて箱から取り出して，その箱を，画鋲をつかって壁に取り付けます。そして，ロウソクにマッチで火をつけ，その箱に乗せれば完成です。ロウソクは，壁に直接くっついてこそいませんが，安全に固定されていますよね。もしかすると，画鋲とマッチ棒を駆使して無理やりくっつけようと考えた人もいるかもしれませんが，ロウソクは太いので難しいし，火事になりそうで危ないですよね。
　私たちは箱を見ると，ついつい，何かを入れておくための箱だと考えてしま

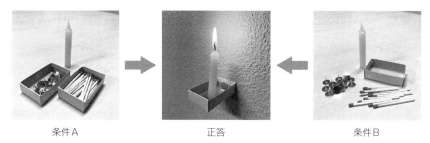

条件A　　　　　　　　　　正答　　　　　　　　　　条件B

図11-1　ロウソク問題における各種条件と正答 (筆者作成)

います。では，すこし実験の条件を変えて，図11-1の右の写真のように，材料がすべて箱から出されていたらどうでしょうか？　左の写真を"条件A"として，右の写真を"条件B"とします。もしかすると，「条件Bならすぐに箱を使おうと考えるかもしれない」と思う人もいるのではないかと思います。条件Aは，条件Bよりも洞察を得にくい。それは，特定の構造化された知識（今回の場合は，「箱はモノを入れておく機能がある」という知識）にとらわれて，別の機能（たとえば「箱は台にもなる」という機能）を用いることが抑制されてしまうという，**機能的固着**（functional fixedness）が背景にあると考えられています。私たちはついつい，先入観にとらわれてしまうということですね。

問題解決を道筋の探索としてとらえる

以上のような経過により，問題解決をめぐる思考を表す，洞察と知識の再構造化，また機能的固着といった概念が導かれてきました。ただし，これらの概念にはある特徴がありました。それは，それぞれの概念は，問題解決が困難な状態と解決可能な状態を説明しますが，その間にある，私たちの問題解決をめぐる思考のプロセスについては，一体何がどう起こっているかを説明することができなかったのです。ここで，行動主義心理学とゲシュタルト心理学とはまた少し異なる，問題解決をめぐる研究に新たな道を拓いた研究領域が登場しました。それは，認知心理学です。

認知心理学，特に人工知能研究に影響を与えたニューエルとサイモン（New-

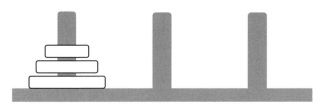

図11-2 「ハノイの塔」の初期状態（筆者作成）

ell & Simon, 1972）は，問題解決における思考の内実を，以下の構成要素から考えました。まず，問題解決は，**初期状態**（当初の状態）から**目標状態**（問題が解決された時点の状態）に至るまでの，**問題空間**（経路）の探索であるととらえます。そして，初期状態から目標状態までにある多様な状態を**中間状態**と呼んだほか，ある状態から別の状態に移行するための手段のことを**オペレーター**（操作子とも言う）と呼びました。これら5つの概念を使うと浮かび上がってくるのは，非常にたくさんの可能性から，問題解決につながる妥当な道筋を探して実行に移そうとしているという人間の姿です。概念の発明を通して，徐々に人間の思考の内実を描けるようになってきたのです。

　こうした人間の思考プロセスをつかむことができる代表的な問題が，「ハノイの塔」と呼ばれるパズルです。台の上には，3つの棒が横並びで立っています。そのうち左端の棒に，下から順に，穴が空いた大・中・小の3つの円盤がはめられています（図11-2参照）。このハノイの塔には，①1回あたりひとつの円盤しか動かすことができない，②上に別の円盤が乗っていない円盤しか動かすことができない，③大きい円盤を小さい円盤の上に置くことはできないという，3つのルールがあります。さて，この大・中・小の3つの円盤を，順番をそのままに右端の棒へ移動するためには，果たしてどのように動かせばよいでしょうか。最短で円盤を7回動かせば目標状態にたどり着くことができます。なお，ハノイの塔のような，初期状態と目標状態が明確で，かつその途中の段階についてもすべて曖昧性なく規定されている問題は，**良定義問題**（well-defined problem）と呼ばれています。

　私たち人間は，問題に直面したとき，ハノイの塔における問題空間のような，

初期状態から目標状態に至るまでの経路から妥当なものを探索し，実行して解決していくと考えます。そうした認知心理学の，人間による問題解決の思考プロセスを詳らかにしようとするアプローチは，職業人の専門性に関する研究とも関連しています。この章では最後に少しだけ，冒頭のダイアローグにおける後輩さんの言葉に注目しながら，教師の専門性に関する研究の一部を紹介したいと思います。

考えてみよう！

① みなさんが生活の中で「洞察」を得た瞬間を思い出してみましょう。

② 図11-2にあるハノイの塔について，円盤の動かし方の全パターンを書き出してみましょう。

3 熟達化 問題解決から専門家としての成長へ

後輩さんの経験から考える

ここで一度，本章冒頭のダイアローグに戻って，後輩さんの研究授業に関する感想を読み返してみてください。少し具体的に想像できるように，ベテラン教師は，教師歴20年の中学校の国語の先生だと考えてみましょう。教師歴20年となると，場合によっては読者のみなさんが生まれた頃から教師だったわけですので，その経験の重みは想像に難くないですよね。ただし，「経験がものを言う世界」と表現するのは容易ですが，それでは後輩さんとベテラン教師との距離感を考えることができません。そこで，ここでは認知心理学における問題解決の視点と，それを批判的に乗り越えようとしてきた議論を参照しながら，後輩さんとベテラン教師との違いを考えてみましょう。

まず，少なくとも，後輩さんとベテラン教師との違いは，情報処理能力が格段に向上したことによるものではなさそうです。このことを示唆した著名な研究のひとつが，チェイスとサイモンによる実験です（Chase & Simon, 1973）。チェイスとサイモンは，3人のチェス経験者（名人1人，A級1人，初心者1人）に，チェスの盤面を5秒見せて再現してもらう実験を行いました。結果，盤面が実際のゲームの局面を再現したものの場合は経験歴の順に再現数が増えたのですが，盤面をランダムにしてしまうと，全員が非常に少ない再現数となってしまいました。つまり，チェスのベテランになればなるほど，純粋な情報処理能力（特にここでは記憶力）が高まるから問題解決が容易になるというわけではなさそうです。これはチェスの例ですが，恐らく後輩さんとベテラン教師との間の違いも，そのように考えた方が妥当でしょう。

実践知と熟達化

では，熟達者と初心者（この章の例で言えば，ベテラン教師と後輩さん）との違いは，一体どのように説明できるのでしょうか？　この問題を扱う上で関心を寄せられてきたのが，経験者が形成し，現場の問題解決に活用されている知識です。というのも，経験者と初心者とでは，情報処理能力というよりも，問題に直面したときに活用されている知識や考え方の枠組みが異なるのかもしれませんよね。そのことを示唆する重要な概念として注目されてきたのが，**実践知**（practical intelligence）と**熟達化**（expertise）です。実践知とは，仕事等での高いパフォーマンスや複雑な問題解決を支える，熟達者がもつ実践に関する知識のことであり，人々がその実践知を獲得していく過程のことは熟達化と呼ばれています（金井・楠見, 2012）。

この2つの概念が登場した背景をとらえるために，ここで少しだけ脱線して，人間の知能（intelligence）に関する心理学研究の歴史を整理しておきます。かつての知能に関する研究は，学業と関連した知能テスト（IQテスト）により知能の測定や研究をすすめる傾向がありました。この動向に意義を唱え，人間の知能には多様な側面があるという批判が展開し，その中で実践知の概念が登場

しました（金井・楠見, 2012）。とくに, 実践知概念の導入につながることになった代表的な議論のひとつが, 人間の知能は構成成分下位理論, 経験下位理論, 文脈下位理論の３つをもとにとらえる必要があると考える, スタンバーグ（Sternberg, R. J.）による「知能の鼎立理論（triarchic theory of intelligence）」です（Sternberg, 1985）。スタンバーグはこの理論における文脈下位理論の中に実践知を位置づけました。また, 関連してガードナー（Gardner, H.）も, 人間の知能を「言語的知能」「論理数学的知能」「空間的知能」「音楽的知能」「身体運動的知能」「対人的知能」「内省的知能」「博物的知能」の８つに分類する多重知能理論（theory of multiple intelligences）を基にして, 単一のテストからはとらえきれない人間の知能の多様性を論じてきました（ガードナー, 2001）。こうした知能研究における議論の展開を背景に, 学校における子どもの知能に関する研究の範疇を超えて, さまざまな職業人とその成長（熟達化）に関する研究が進展してきました。そしてその一環として, 教師についても光が当てられてきたのです。

「省察的実践家」としての教師への成長

さて, 教師としての成長については, その他の職業人と比べて, 大きく３つの特徴があると考えられています（坂本, 2007）。第１に, 教師の実践知は暗黙的で個人的で, 職人的であることです。第２に, ほぼすべての人が教師になる前から授業についてよく知っているという, "観察による徒弟制（apprenticeship of observation）"の側面があることです。この被教育経験の側面は, 教師として熟達する上で壁になると考えられています。第３に, 教師は授業に関する知識を講義や研修などで得たとしても, 現場で容易に実践することはできないという "実践化の問題" があることです。もしかすると後輩さんは, 国語の研究授業の中で登場人物の心情理解に関する発問をした際, 生徒から想定外の回答が出たらどうすればよいかに関する多少の知識をもっていたけれど, その場で即興的に活用するまでには至らなかった側面もあったのかもしれません。この章を読んでいるみなさんも, いずれ教壇に立って, 後輩さんと似た経験をする日が来るかもしれませんね。

　こうした特徴を考えると，私たちは学校における授業や，そこで立ち振る舞う教師のことをよく知っているようです。しかし，教育を受ける側と，教育をする側とでは，考えるべきことがずいぶん異なることは容易に想像がつきます。だからこそ教師として成長する際には，単に授業に関する知識を蓄えるだけではなく，自らがもっている暗黙の前提を見つめ直しながら，現場で対応できる思考の枠組みを獲得していく必要があるのです。

　この点を的確に表現した1人が，哲学者のショーン（Schön, D. A.）でした。ショーンは専門家について，問題解決を円滑に進めていけるような技術的合理性（technical rationality）を有する存在から，状況と対話する中で，自らがもつ暗黙の思考の枠組み自体を問い直しながら問題に立ち向かう**行為の中の省察**（reflection in action）を進めていく，**省察的実践家**（reflective practitioner）へととらえ直していく必要性を説きました（ショーン，2007）。関連して，人類学者のサッチマン（Suchman, L. A.）もまた，問題に対して計画を立てて実行するという認知心理学の情報処理観を人間に適用することを批判し，人間は状況の中に埋め込まれながら，その場の状況の変化に対応しつつ行為しているという**状況的行為**（situated action）の概念を提唱しました（サッチマン，1999）。生徒の予想外の回答に対しても，柔軟に対応しながら授業を組み立てていくベテラン教師の姿は，この「状況的行為」との関係から考えることができるでしょう。

　ここまで，問題解決をめぐる思考の特徴をとらえた代表的な心理学研究と，教師という専門家としての成長に関わる研究について，それぞれ一部を紹介してきました。これから教壇に立つかもしれない皆さんの成長もまた，教育に関する確かな知識の蓄積と同時に，自らの経験と前提を問うところからはじまるのかもしれません。

考えてみよう！

　③　みなさんの思い出に残っている授業の経験と，そのときの教師の姿について，友だちと意見を交わしてみましょう。

COLUMN **11** あなたは失敗を成功のもとにできますか？

研究授業で失敗した経験は，大切にしたいよね。でも，失敗に
目を向けるのって，なかなか難しいよね。

そうなんです。しっかり振り返るようにと先生方からご指導を
いただきつつ，あの失敗を振り返りたくない気持ちも出てきて
しまって……。

　みなさんは，「失敗は成功のもと」という言葉を一度は聞いたことがあるはずです。では，みなさんは自分の失敗から目をそらさずに，きちんと振り返ることができますか？　近年の研究動向を整理した研究によると，実はこれが難しいということが示唆されています（Eskreis-Winkler & Fishbach, 2022）。

　なぜ，私たちは失敗から学ぶことが難しいのでしょうか。その理由として，失敗は自信を低下させてしまうという「感情的障壁」と，失敗から何を学べば成功に結びつくかわからないという「認知的障壁」がカベになっていると考えられています。たしかに，失敗すると嫌な気持ちになりますし，失敗した原因にはいろいろなことが考えられるので，どう活かせばよいかわからないこともありますよね。

　しかし，その一方で，失敗には有益な情報が含まれているとも指摘されています（Eskreis-Winkler & Fishbach, 2022）。上記の2つのカベを取り除いていくためにあなたにできることを，ぜひ考えてみていただければと思います。

引用文献

Chase, W. G., & Simon, H. A. (1973) Perception in Chess. *Cognitive Psychology*, **4**(1), 55–81.

Duncker, K. (1945) On Problem-Solving (L. S. Lees, Trans.). *Psychological Monographs*, **58**(5), i–113.

Eskreis-Winkler, L., & Fishbach, A. (2022) You Think Failure is Hard?: So is Learning From It. *Perspective on Psychological Science*, **17**, 1511–1524.

ガードナー，H. ／松村暢隆訳（2001）『MI──個性を生かす多重知能の理論』新曜社。

金井壽宏・楠見孝編（2012）『実践知──エキスパートの知性』有斐閣。

Köhler, W. (1925) *The Mentality of Apes* (T. Winter, Trans.). London & New York: Harcourt.

Newell, A., & Simon, H. A. (1972) *Human Problem Solving.* Englewood Cliffs, N. J.: Prentice-Hall.

坂本篤史（2007）「現場教師は授業経験から如何に学ぶか」『教育心理学研究』**55**, 584-596。

ショーン，D. A.／柳沢昌一・三輪健二監訳（2007）『省察的実践とは何か——プロフェッショナルの行為と思考』鳳書房。

Sternberg, R. J. (1985) *Beyond IQ: A Triarchic Theory of Human Intelligence.* Cambridge & New York: Cambridge University Press.

サッチマン，L. A.／佐伯胖監訳（1999）『プランと状況的行為——人間 - 機械コミュニケーションの可能性』産業図書。

Thorndike, E. L. (1898) *Animal Intelligence: An Experimental Study of the Associative Processes in Animals.* New York: Macmillan.

「問題解決をめぐる人間の思考」を広く学びたい方はこちら!

服部雅史・小島治幸・北神慎司（2015）『基礎から学ぶ認知心理学——人間の認識の不思議』有斐閣。
　20世紀における心理学の転換点となったひとつの出来事が，この章でも少し触れた，人間の認知過程を情報処理の観点から考える「認知革命」と，それに伴う認知心理学の誕生でした。この書籍は，できるだけ身近な題材を扱いながら，認知心理学の主要トピックが広く解説・紹介されています。

安西祐一郎（1985）『問題解決の心理学——人間の時代への発想』中央公論新社。
　小説などの具体例や心理学実験を数多く紹介しながら，人間による問題解決のとらえ方を教えてくれる書籍です。やや古い本ですが，当時のコンピュータと人間の比較など，初期の認知心理学の面影も見せてくれます。

金井壽宏・楠見孝編（2012）『実践知——エキスパートの知性』有斐閣。
　本文でも引用している，実践知や熟達化をめぐる研究の歴史と内容がわかりやすくまとめられている書籍です。「教師」「看護師」「IT 技術者」「芸舞妓」等，さまざまな職業人の専門性についても論文集形式で紹介されています。

第12章
学校にはどんな集団があっただろう？
——友人関係や学級内の集団関係がもたらすもの——

ダイアローグ

後輩さんは，中学校のときどんな雰囲気のクラスにいた？

和気あいあいで，楽しい雰囲気のクラスでした。担任の先生も親切でいい先生で，私が教師を目指すきっかけになった先生でした。

目標になる先生に出会えたのは素晴らしいね。中学校では友達は多い方だった？

うーん，私はシャイな方だったので，友達がそこまで多い方ではなかったです。仲の良い友達4人とグループになってよく一緒にいました。

なるほど，そのグループはどんな雰囲気だった？

クラスでは「普通」って雰囲気のグループでした。休み時間にはふざけあったり，テスト前には一緒に勉強したり，相談事とか話し合ったりしていました。でもどうしていきなりそんな事を？

教育心理学では，いま聞いたようなことも研究がされているんだ。

教育心理学って聞くと，授業方法とか学習方法のイメージがありました。意外ですね。

1 友だちの多い人の特徴って？
友情とパーソナリティ

ビッグ・ファイブ

　友達の多い人とはどのような特徴をもつ人でしょうか。ここでは心理学研究で広く使われている**ビッグ・ファイブ**（Big Five）と呼ばれるパーソナリティ特性と友人についての研究を紹介していきます。ビッグ・ファイブとは基本的なパーソナリティを5つの特徴（因子）で表したものです。具体的には活発さの傾向を表す外向性，他者への思いやりの傾向を表す協調性，心が不安定な傾向を表す神経症傾向，真面目な傾向を表す誠実性（勤勉性），そして，知的好奇心の傾向を表す開放性の5つから構成されています。ビッグ・ファイブを測定する心理尺度としては複数存在しますが近年では10項目で測定できる TIPI と呼ばれる尺度が開発され，中高生を対象にした研究をはじめ多くの研究で使用されています。

パーソナリティと友人関係

　さて，ビッグ・ファイブと友人関係について多くの研究を整理したレビュー論文（Harris & Vazire, 2016）では以下のように整理されています。ビッグ・ファイブの5つの因子別にみていきましょう。

　外向性の高さは多くの研究から生涯を通し友人が多いことと関係すると言われており，その理由としては友人獲得の機会が多いからだといいます。また現実かネットかの関係を問わず外向性の高さが似ている人と友人になりやすことも知られています。外向性の高い人は友人関係に満足し他人からの第一印象が良いことが知られていますが，いったん友人関係が形成されると外向性はそこまで利益をもたらさなくなります。

　協調性の高さは他人に対する好意と関連するため，一見すると多くの友人を挙げることと関連しそうですが，外向性よりは強い関連を示さないそうです。

その理由として協調性が高い人は新しい友人を作ることよりも，すでにある友人関係を円滑に進めることに注力するためだそうです。協調性の高さは積極的に友人関係を形成しませんが，協調性がもつ温かさや親切さといった特徴から，友人として選ばれやすくなり，その結果として広い友人関係を形成できるとされています。また，少なくとも友人間で片方の協調性が高い場合に限っては円満なコミュニケーションが起こるとされていて，協調性については高いことが友人関係にポジティブに働くことがわかります。

　神経症傾向の高さは友人を作るときに不利に働きますが，知り合いがいないときに初めて会った人を好む程度や相互作用の過程には関連しないとされています。また，神経症傾向の高い人は知り合いがいないときに，他人に好かれているとは思わず知らない人に対して窮屈さを感じ，友人関係の最初期には良くない結果に終わるだろうと不合理な考えをしてしまうとされています。

　誠実性は友人関係の形成ではなく，維持する際に重要になってくる特性とされています。誠実性が高いと質の良い友人関係を築けたり衝突の少なさと関係したりするといわれています。

　開放性の高さと友人の多さを示す研究はほとんどありませんが，開放性の高さが似ている人同士が友人になりやすいとされています。開放性が高いことは喧嘩が起こったときに，建設的な方法でこの問題に対処し，回避や無視といった方法を取ることが少ないといわれています。

　ここで解説したもの以外にも友人関係に関することは多く研究されており，たとえば，共感性が高い人ほど親密さを築く能力や葛藤に対処する能力に長け，友人との親密さにつながることを示した研究もあります（Chow et al., 2013）（共感性については第6章を参照）。

2 グループにはどんな特徴があるの？
集団の構成原理と友人グループ

集団の定義と友人グループ

　世の中にはさまざまな集団が存在します。たとえば国，地域，スポーツファ
ン，家族，そして学級（学校）集団です。ところで集団とは心理学でどのよう
に定義されるのでしょうか。社会心理学者のフォーサイス（Forsyth, D. R.）は
「社会的な関係によって，および社会的な関係の中で相互作用している2人以
上の人」と集団の意味を広く定義しています。そのため，家族も集団として扱
われますし，友人関係や学級も集団として扱うことができます。とくに友人関
係の集団は班活動などの学級活動で構成されるフォーマル（公式）なグループ
との違いを明確にするために**インフォーマル・グループ**と呼ばれたり，友人グ
ループと呼ばれています。複数の中学生や高校生を対象にした調査からは「グ
ループがある」と回答した生徒は8割以上だったことから（水野・柳岡，2020），
ほとんどの生徒は友人グループがあるということになります。中高生の8割以
上にグループがあるということから友人グループは学校において馴染みのある
集団だと言えるでしょう。それでは友人グループの内と外ではどのような相互
作用が起こりうるのでしょうか。

グループ内の関係性

　友人グループ内についての研究では，グループの特徴がそのグループの成員
にどのような影響を与えるかについて研究がされています。たとえば，友人グ
ループ内に上下関係があるとそのグループに対して信頼感を抱きにくく，グ
ループから拒否されるかもしれないという不安も高くなること，グループが閉
鎖的であるとグループにいる生徒はグループ外と交流がしにくくなる一方で，
グループの凝集性が高いほどグループに対する信頼感も高くなることを明らか
にしています（石田・小島，2009）。また，グループの排他性に着目した中高生

を対象とする研究では，グループの排他性欲求が学校で感じるポジティブな感情を通して学習意欲を向上させることも示されました（有倉，2016）。

これらのことから，自分たちだけで固まる傾向が強い友人グループはグループ外の人とは関わりにくくなるなど側面があるものの，グループに対する愛着が生まれたり，学習意欲を向上させるといった側面があることがわかりました。

グループ間の関係性

また，友人集団間の研究では友人グループ間の地位格差である「スクールカースト」に着目した研究がなされています。大学生への回顧的なインタビューから高地位グループに属している人の特徴としては自己主張が強く，目立っていて，異性への評価が高いこと，低地位グループに属している人の特徴としては地味であることを明らかにしました（鈴木，2012）。また，教師へのインタビューも行っており，教師は高地位グループに属している生徒は肯定的に評価し，低地位グループに属している生徒に対しては将来が心配になるなど否定的にみていることも明らかにしました。中学生を対象にしたアンケート調査研究からは，学級で高地位グループに属していると回答した生徒ほど，**学校適応感**が高いことがわかりました。それだけでなく，地位が高いと集団支配志向性と呼ばれる集団間の地位格差を肯定的に受け止める価値観が高くなり，それが学校適応感を高めるという心理メカニズムも明らかになりました（水野・太田，2017）。また，所属するグループの地位と学校適応感の関連には学級間で差が見られること（水野・日高，2019）も明らかとなりました。

ところで，「スクールカースト」は教育評論家や教師からはいじめの要因となりうると指摘されていますが，実証されているのでしょうか。中学生を対象にした質問紙調査を行った研究では主観的なグループの地位といじめ被害・加害の間には十分な関係性がみられなかった研究（水野ほか，2019）がある一方で，グループの地位が低いほどいじめ被害者になりやすく，いじめが解決しにくいということも明らかにされました（Mizuno et al., 2022）。「スクールカースト」の研究からはグループの階層性が場合によっては一部の生徒の適応を損なうこ

とや，結果は一貫していませんがいじめのような問題とも関連する可能性が示唆されました。

　以上のように，友人関係の研究には集団という観点から友人グループに関する研究知見が積み上げられています。ここには紹介しきれませんでしたが，友人グループも集団であるとするなら社会心理学におけるさまざまな集団に関する理論や研究も友人グループの理解に役立つと思われます。[(1)]

3 学級の雰囲気は大切なの？
学級風土と学級の目標構造の効果

　日本において**学級**は，家庭の次に児童生徒が一日のうち多くの時間を過ごす場所となります。そして学級は授業を受ける場所だけでなく，休み時間を過ごし，お昼を食べ，文化祭や体育祭で団結し取り組むことなど，学習活動以外の多くのことを体験する場所となり，学級にはある種の共同体の側面があります（河村，2010）。また，学級での適応は学校での適応を強く予測する（水野・飯田，2021）ことも考えると，学級は児童生徒にとって学校での重要な場所となります。そして，学級によってその雰囲気はさまざまです。学級のもつ雰囲気は児童生徒にとってどのような影響を与えるのでしょうか。

学級風土

　各学級にはその学級それ自体がもつ，個々の児童生徒の性質を超えた学級全体としての性質（雰囲気）があり，それを**学級風土**と呼びます。学級風土研究では学級風土を測定する尺度の検討や学級風土尺度を活用したアセスメントやコンサルテーション（教師へのフィードバック）が行われており，肯定的な学級風土ほど学校への意欲や自己価値観も高くなることが調査研究から明らかになっています（伊藤，2009）。また，この研究では学級風土尺度を活用したコンサ

ルテーションとして，学級風土を測定しつつ担任から学級状況を聞き取り，尺度の結果と照らし合わせてこれまでの指導を振り返りました。その結果，学級内の構造や児童の具体的な姿が明確になり，これからの指導体制についての見通しや学級経営の課題も明らかになった事例を紹介しています。

　学級風土研究では，学級風土が児童生徒に影響を与えることを明らかにすることよりも，学級運営を改善しより良い生徒指導につなげるために学級の姿を可視化するツールのひとつとして用いられることが多いようです。

学級の雰囲気が児童生徒にもたらす影響

　また，学級風土研究だけでなく，特定の学級の雰囲気に着目して児童生徒の行動との関連を示した研究もされています。そのひとつとして学級の目標構造の研究があります。学級の目標構造とは，学級レベルの**達成目標**を指し，学級全体や教員が思考する目標のことです。「間違いや失敗も勉強のうち」というような**熟達目標構造**を感じる児童は自身も熟達目標をもちやすくなります。また，わからない所はわかるまで勉強し直すというような深い処理の学習方略をしやすくなり，成績に対する肯定的な認知につながるとされています（三木・山内，2005）。「成績が良いか悪いかが大切」というような**遂行目標構造**を感じる児童は自身も遂行目標をもちやすくなります。それと同時に，学校の勉強や宿題以外はしたくないという**課題回避目標**ももちやすくなり，同じところを読んでただ覚えるというような浅い処理の学習方略を用いやすくなり，成績に対する否定的な認知につながるとされています。小中学生を対象にした研究から熟達目標構造が高い学級では学級内で学び合うことが促され，**内発的動機づけ**や友だちの良いところを見習うなどの**ピアモデリング**が高まることも明らかとなりました（Ohtani et al., 2013）。

　加えて，学習に関する目標構造だけでなく，学級集団における思いやりや規則に関する目標構造を研究したものもあります。このような目標構造は**社会的目標構造**（大谷ほか，2016）と呼ばれ，思いやりや互恵性に関するものを**向社会的目標構造**と呼び，学級集団で守るべき規則や秩序に関するものを**規範遵守目**

表12 - 1　4つの目標構造の特徴と影響

目標構造の名称	特徴の例	児童生徒への影響の例
熟達目標構造	成績より努力を評価する学級	深い処理の学習方略や成績に対する肯定的な認知など
遂行目標構造	努力より成績を評価する学級	浅い処理の学習方略や成績に対する否定的な認知など
向社会的目標構造	思いやりを大事にする学級	内発的動機づけを介して向社会的行動につながる
規範遵守目的構造	ルールや決まりを大事にする学級	外発的動機づけを介して向社会的行動につながる

（筆者作成）

標構造と呼びます。小中学生を対象にした研究では，向社会的目標構造はより内発的な動機づけと，規範遵守目標構造はより外発的な動機づけを介して**向社会的行動**と関連することが明らかとなりました（山本ほか，2021）（向社会的行動については第6章を参照）。

　以上のことを表12 - 1にまとめました。このように，学級の雰囲気は児童生徒のさまざまな行動や特性に対して良くも悪くも影響を与えることがわかります。

考えてみよう！..

① 友達が多いことで得られる良い面と悪い面は何があると思いますか。

 ② 「スクールカースト」が悪い影響を与えないためには何が必要でしょうか。

③ 教師は肯定的な学級の雰囲気をつくるために何をすべきだと思いますか。

4 他人との共同の効果

誰かと一緒だとがんばれる？

　学級では自分一人で何かに取り組むこともありますが，たとえば，授業の中で話し合いながら学習したり，定期試験前に友達と一緒に勉強したり，試験直前の休み時間には友達と教科書を読み直したりします。皆さんは勉強をするときに一人でやった方が頑張れるタイプですか？　それとも，友だちと一緒にやった方が頑張れるタイプですか？

パフォーマンスが上がる場合

　集団での作業によるパフォーマンスは一人での作業よりも高いことなど，誰かと共同することでパフォーマンスが向上することは**社会的促進**として知られています。

　このように誰かとの作業はよりよい成果を生み出しますが，学校においてはどうなのでしょうか。友人関係に対する動機づけに着目した研究では，友人関係に対する自律的な動機づけが友人と一緒に勉強をすることを通して友人関係への充実感を向上させ，学習に対する充実感も向上させることを明らかにしました（岡田，2008）。また，小学生を9か月追跡した調査からは，1学期に友人と相互学習をしていた児童は2学期で**メタ認知方略**（第8章参照）を多く使用していたことや，メタ認知方略を使用していた児童はその後にピアモデリングを多く行うことも明らかにしました（岡田，2020：図12-1）。社会的目標構造の研究でも，向社会的目標構造の学級ほど友達と一緒に学習しやすく，内発的動機づけや学業の自己効力感も向上するということが明らかとなっています（大

図12-1　友達との学習活動による効果（岡田，2020をもとに筆者作成）

谷ほか，2016）。

　このように，学校場面でも誰かに援助要請を行うことや誰かと一緒に勉強することなど，他人の存在によって動機づけや学習に対する肯定的な態度も向上することがわかります。

パフォーマンスが下がる場合

　一方で，誰かと一緒にいることによってパフォーマンスが下がってしまうことも知られています。たとえば，集団で討議することによってよりよい意見が採用されそうなイメージがありますが，実際には極端な意見が採用されやすいという**集団極性化**という現象があります。

　学校場面において，誰かとの共同でパフォーマンスが低下することを示した研究は多くありませんが，学校における社会的地位のギャップによって共同学習での不利益が起こることを示した研究があります。学級内での人気が高い児童と低い児童のペアで課題に取り組ませた研究では利益が得られつつ不利益も発生すると報告しています。人気のない児童は，人気のある児童の事前知識や，課題中お互いに意見を聞けていると，課題に取り組んだ後の知識が増えます。一方で，人気のある児童が支配的に課題を進めると，取組後の知識が減りました（Gommans et al., 2015）。また，「スクールカースト」が理科の学習場面で一部の生徒の学習パフォーマンスを下げることも報告されています。所属する友人グループの地位が低いと感じている生徒ほど，理科の観察・実験授業での心理的安全性や批判的な議論の取り組みが低くなることや，座学場面では所属グループの地位によってストレスに大きな差がない一方で，観察・実験場面で所属グループの地位が低い生徒は地位が高い生徒と比べてストレスが高いことを明らかにしています（亀山ほか，2021）。

　そのため，学校の場面では誰かと一緒に共同で作業することによってパフォーマンスが下がるという研究結果はパフォーマンスが向上する研究に比べて多くないものの，共同で作業する上で教師が注意すべき点についての参考になるかもしれません。

学級は児童生徒の生活や学びの場を提供するという意味で学校生活では欠かすことのできない集団です。肯定的な学級風土や友人との共同学習によって児童生徒にポジティブな影響を与えることができる反面，「スクールカースト」の問題や，競争的な目標のもつネガティブな効果，共同学習で起こりうる不利益もあることがわかりました。それだけ，学級という集団は複雑だということかもしれません。特に，学級は学校生活に欠かせず，良くも悪くも児童生徒に影響を与える集団でありながら，児童生徒は主体的にどの学級に行くかを選べません。すべての児童生徒が安心して生活できるような学級を運営できるように教師や学校に関わる大人は研究や実践から学び続けることが必要でしょう。

引用文献

Chow, C. M., Ruhl, H., & Buhrmester, D. (2013) The mediating role of interpersonal competence between adolescents' empathy and friendship quality: A dyadic approach. *Journal of Adolescence*, **36**(1), 191-200.

Gommans, R., Segers, E., Burk, W. J., & Scholte, R. H. (2015) The role of perceived popularity on collaborative learning: A dyadic perspective. *Journal of Educational Psychology*, **107**(2), 599-608.

Harris, K., & Vazire, S. (2016) On friendship development and the Big Five personality traits. *Social and Personality Psychology Compass*, **10**(11), 647-667.

石田靖彦・小島文（2009）「中学生における仲間集団の特徴と仲間集団との関わりとの関連――仲間集団の形成・所属動機という視点から」『愛知教育大学研究報告』**58**, 107-113。

伊藤亜矢子（2009）「小学生用短縮版学級風土質問紙の作成と活用」『コミュニティ心理学研究』**12**, 155-169。

伊藤大幸・浜田恵・村山恭朗・高柳伸哉・野村和代・明翫光宜・辻井正次（2017）「クラスサイズと学業成績および情緒的・行動的問題の因果関係――自然実験デザインとマルチレベルモデルによる検証」『教育心理学研究』**65**(4), 451-465。

亀山晃和・原田勇希・草場実（2021）「学級内の社会的地位と実験グループに対する心理的安全性が理科授業における批判的議論とストレス反応に及ぼす影響」『理科教育学研究』**62**(1), 229-245。

河村茂雄（2010）『日本の学級集団と学級経営――集団の教育力を生かす学校システムの原理と展望』文化図書。

三木かおり・山内弘継（2005）「教室の目標構造の知覚，個人の達成目標志向，学習方略の関

連性」『心理学研究』76, 260-268。

水野君平・日高茂暢（2019）「「スクールカースト」におけるグループ間の地位と学校適応感の関連の学級間差──2種類の学級風土とグループ間の地位におけるヒエラルキーの調整効果に着目した検討」『教育心理学研究』**67**, 1-11。

水野君平・飯田昭人（2021）「友だちグループ間の地位と学校への適応──学級への適応を媒介要因とした検討」『パーソナリティ研究』**30**(2), 83-85。

水野君平・加藤弘通・太田正義（2019）「中学生のグループ間の地位といじめ被害・加害の関係性の検討」『対人社会心理学研究』**19**, 14-21。

水野君平・太田正義（2017）「中学生のスクールカーストと学校適応の関連」『教育心理学研究』**65**, 501-511。

Mizuno, K., Shu, Y., Ota, M., & Kato, H. (2022) Inter-Peer Group Status and School Bullying: The Case of Middle-School Students in Japan. *Adolescents*, **2**(2), 252-262.

水野君平・柳岡開地（2020）「中高生の「スクールカースト」と学校適応，顕在的・潜在的自尊心，仮想的有能感との関連の検討」『パーソナリティ研究』**29**(2), 97-108。

Ohtani, K., Okada, R., Ito, T., & Nakaya, M. (2013) A multilevel analysis of classroom goal structures' effects on intrinsic motivation and peer modeling: Teachers' promoting interaction as a classroom level mediator. *Psychology*, **4**(8), 629-637.

大谷和大・岡田涼・中谷素之・伊藤崇達（2016）「学級における社会的目標構造と学習動機づけの関連──友人との相互学習を媒介したモデルの検討」『教育心理学研究』**64**(4), 477-491。

岡田涼（2008）「友人との学習活動における自律的な動機づけの役割に関する研究」『教育心理学研究』**56**(1), 14-22。

岡田涼（2020）「児童における仲間との協同的な学習活動とメタ認知的方略」『日本教育工学会論文誌』**43**(4), 479-487。

鈴木翔（2012）『教室内カースト』光文社。

山森光陽・徳岡大・萩原康仁・大内善広・中本敬子・磯田貴道（2021）「クラスサイズ及び達成目標の提示と達成状況のフィードバックの頻度による2年間にわたる学力の変化の違い──小学校第4，5学年の社会科を対象として」『教育心理学研究』**69**(3), 297-316。

山本琢俟・河村茂雄・上淵寿（2021）「学級の社会的目標構造とクラスメイトへの自律的な向社会的行動との関連──小中学生の差異に着目して」『教育心理学研究』**69**(1), 52-63。

有倉巳幸（2016）「仲間集団の排他性と学習意欲との関係に関する研究──中高生を対象に」『鹿児島大学教育学部教育実践研究紀要』**25**, 177-188。

COLUMN **12** 学級の人数は少ない方がいいの？

小学校の学級人数が少なくなる法律ができたことを知ってる？

 たしか小学校で40人学級から35人学級を目指すものですよね。

そう，5年かけて段階的に学級人数を減らしていくんだ。学級
人数が減ることでどんな変化があると思う？

 うーん，先生が子どもを見やすくなるとか，一人ひとりの発言
する機会が増えるとか，ですかね。

人数が減ると子どもにとって良いことがありそうだね。学級人
数が児童生徒にどのような影響を与えるかについて調べた研究
を見ていこう。

　学級人数（クラスサイズ）が児童生徒にどのような影響を与えるかについて，日本における研究では児童生徒を数年間追跡し，なおかつ複数の学級を対象にした大規模な研究が存在します（伊藤ほか，2017；山森ほか，2021）。小学生から中学生にわたる複数の学年集団を9回の調査から追跡した研究（伊藤ほか，2017）ではクラスサイズが大きくなると学業成績を低下させること，友人や大人からのサポートが減ること，抑うつが上昇することが明らかとなりました。そして小学校4年生から6年生までを追跡した調査（山森ほか，2021）ではクラスサイズが学業成績に与える影響について詳細に検討しています。その結果，教師による達成目標の提示とフィードバックが多く，クラスサイズが小さい場合，4年生の時点での学力にかかわらず5年生開始前後での学力が高くなることがわかりました。加えて，2年間にわたって教師による達成目標の提示とフィードバックが多く，クラスサイズが小さい場合，4年生の時点での学力が偏差値40～50の児童はクラスサイズが大きい場合と比較すると6年生開始前後での学力が高くなりました。一方で，4年生の時点での学力が偏差値60の児童はクラスサイズが大きい場合と比較すると6年生での学力

が低くなることも明らかとなりました。

　このように，クラスサイズが小さいほど児童生徒にとって良い影響があると概して言えそうですが，一部そうとは限らない場合があることもわかりました。

「学校に関する教育心理学」を広く学びたい方はこちら！

大久保智生・牧郁子編（2018）『教師として考えつづけるための教育心理学──多角的な視点から学校の現実を考える』ナカニシヤ出版。

　授業づくり，いじめ，教員評価など学校にまつわる20のさまざまなテーマについて，「いじめは『ゼロ』にできるのか」のような一般的に感じる疑問からスタートし，学校現場における現実を交えながら，多角的な視点から学校について考えられます。

都筑学監修／加藤弘通・岡田有司・金子泰之編著（2022）『教育問題の心理学──何のための研究か？』福村出版。

　いじめ，問題行動，学校移行など学校におけるさまざまな問題について，10章と10個のコラムで幅広く扱っています。また，この本の最大の特徴は「なぜ研究者がその研究を行おうと思ったのか？」という研究の問題関心が振り返って書かれていることで卒業論文のための研究を進める上でも参考となるでしょう。

縄田健悟（2022）『暴力と紛争の"集団力学"──いがみ合う世界への社会心理学からのアプローチ』ちとせプレス。

　タイトルをみると学校や教育とは直接的な関係がないかもしれませんが，学校においてもいじめという形で暴力は起こります。「なぜ集団による暴力や紛争が人類の歴史で繰り返し行われてきたのか，それは解消可能なのか」ということを広い視点から論じた意欲的な本です。

第13章
よい授業ができる先生になるために
——学習指導と教員の資質——

ダイアローグ

突然だけど，後輩さんは，自分が先生になったとき，どんな授業がしたい？

 よい授業がしたいですね。

よい授業ってどんな授業だと思ってる？

 そうですねぇ……子どもたちが楽しめる授業ですかね。

なるほど。後輩さんはどうして子どもたちを楽しませたいの？

 いや，その方が子どもが授業を聞いてくれそうじゃないですか。

子どもを楽しませて話を聞かせて……そこを目指して授業する？

 いや，話を聞いてくれればそれでいいというわけではないです。

あ，なにかちょっと考えているっぽいね……。

 この前のインターンシップでちょっと考えたことがあるんですけど，聞いてもらっていいですか？

1 よい授業，よい実践って何だろう？
指導の基礎となる考え方

そもそも授業実践とは何を目指すものなのだろう？

　教員が日々の授業実践の構想を練り目的を考えるとき，その授業実践をすることで，授業実践をする対象である子どもたちにどうなって欲しいのかが問題になります。つまり教員は授業実践をすること自体が目的なのではなく，授業実践を通して子どもたちを変化，成長させることを目指しています。

　その目的を果たすためにこれまでさまざまな学習指導の理論や授業実践の方法が提案されてきました。ここでは，それらについて整理していきます。なお，この章では学校教諭，幼稚園教諭，保育士をあわせて教員，学校での授業，幼稚園や保育園での実践をあわせて授業実践，として話を進めていきます。

学びの姿勢を作る授業の導入

　授業実践の中で教員は，まず子どもたちに学びたい，変化したいという気持ちをもってもらう必要があります。そして私たち人間は，何かを学びたいという気持ちや納得したいという気持ちをもっています。マレー（Murray, 1938）は，物事を理解し，新しい知識を得たいという欲求を認識欲求と名付けました。しかしながら，すべての子どもたちが，教師の伝えたい内容を積極的に学ぼうとしているわけではありません。

　なぜそのような状態になるのかというと，子どもは時として学ばなくてよいと判断するからなのですが，これには大きな2つの理由が考えられます。ひとつは学ぼうとしてもどうせわからないだろうからと考えて学ぶことを最初から諦めているというものです。もうひとつはもうわかっているから学ばなくてよいと考えているというものです。

　前者の「学ぼうとしてもどうせわからない」という判断はセリグマンとマイヤー（Seligman & Maier, 1967）の「学習性無力感」の理論によって説明できま

す。子どもたちが授業実践において，わからない，できないという経験を繰り返すと学習性無力感を獲得します。そうなると，学ぶことを最初から諦め，学ぼうとしなくなるのです。

　後者の「もうわかっているから学ばなくてよい」という判断は，わかっていないのにわかっていると思いこんでいる場合が考えられます。とくに「わかっていないのにわかっている」と思い込む場合，そもそも「わかっている」とはどういう状態なのかの議論が必要です。私たちの「わかっている」という状態は，「本人の中で納得できてそれ以上考えるのをやめた」状態です。つまり本人が正しいと思っている，納得できている状態であれば，その内容が正しくなくても問題にはなりません。教員からするとまだわかっていない状態なのに子どもがわかっていると思っている状態は，子どもが理解していないのに，学ぼうとしないということにつながってしまいます。

　これを防ぐためには，授業実践の導入部分でまず子どもたちに自分がわかっていないことをわかってもらう必要があります。そのような状態を作り出す指導法として「**問答法**」という指導法があります。

　この指導法では，まず教員が児童生徒の既有知識や概念，興味をチェックするために問いかけます。次に，子どもたち自身がまだ理解または解決していない問題の存在に気づくような問いかけをします。それは時には子どもたち自身が「わかっている」「これが正しい」と思っていた理解が正しくないことに気づくような問いかけになるかもしれません。さらに問いかけられている内容について不思議だと思って興味を惹かれたりすることもあるでしょう。そこから子どもたちは教員の問いかけについて考えはじめ，「問われて考えて答える」というプロセスを繰り返します。こうしてこれまでの知識や理解を変換，再構成して，これまでわかっていなかったことを正しく理解するようになります。問答法において教員は問答を通して子どもの学習を促進，援助するのです。

2 さまざまな授業の形態
目的をもって授業実践を展開しよう

一人ひとりがわかる授業の展開

　学習指導において学習の当事者は子どもであり，教員が何を教えるかではなく子どもが何をできるようになるかが重要であるとよくいわれます。それもたまたまできる，偶然できるではなく，必ずできる，繰り返しできるということが求められます。では子どもたち一人ひとりが成長するわかりやすい授業にするために，教員にはどんな工夫ができるのでしょうか。

有意味受容学習（意味的受容学習）

　有意味受容学習（意味的受容学習）という学習指導法では，学習を「学習内容が児童生徒のすでにもっている知識，物事のとらえ方に適切に取り入れられ，関連づけられていく過程」と考えています。この取り入れと関連づけがスムーズに起きるように学習指導を行うことで，実践の内容が子どもたちにわかりやすく伝わります。たとえば，教員が授業実践の初めに今日の授業のめあてが何であるのかを明確に示したり，今日の授業で扱う内容が子どもたちの生活やすでに知っていることとどのように結びつくのかを説明したりすることが挙げられます。これらは，子どもたちの興味を引くだけでなく，学習内容のわかりやすさを高めることにつながります。

プログラム学習

　プログラム学習とは，子どもたちの学習過程を推測し，それに基づいて作成した個々の学習の計画（プログラム）を使って指導を行う方法です。この学習プログラムは5つの原理から構成されています（表13-1参照）。

　プログラム学習は，現代ではコンピュータやタブレット，プログラム学習用の教材などを利用するコンピュータ支援学習（computer assisted instruction：

表13-1　プログラム学習の５つの原理

①	**スモールステップの原理** 教材を少しずつ進行する形に分割します。たとえば水泳の授業で「まずは水に慣れるところから始めて，いろいろな練習をしながら少しずつ泳げるようになっていこう」というように，泳ぐのに必要な要素を小さく分けて指導をします。
②	**積極的反応の原理** 子どもたちに頻繁に反応することを要求します。泳ぐためのスモールステップの各ステップで実際に自分の体を動かして練習をします。
③	**即時フィードバックの原理** 子どもたちが行った反応に対して，すぐに確認や修正を行います。授業中の教員がその場で「それでいいよ」「ここはこうするともっとよくなるよ」と伝えます。
④	**学習者検証の原理** 教材の内容や順番を子どもたちに適したものになるように作成，修正します。事前に想定した学習プログラムを実施中により適切な練習内容や練習の順番があることに気づいた場合は学習プログラムを修正します。
⑤	**自己ペースの原理** 子どもたちは一人ひとりが自分のペースで学習を進めていきます。学習プログラムのそれぞれのステップでその内容ができるようになるために必要な時間や練習量は，人それぞれで異なるので，全員が同じことを同じタイミングでするよりも，一人ひとりがしっかりとできるようになることを重視します。

(筆者作成)

CAI）で行われることが多いです。

発見学習

　発見学習とは，概念や原理を学習する際に，それらが生み出された，または発見されてきたプロセスを子どもたちに追体験させることによって科学の過程と科学の成果とをあわせて理解させようとする学習指導法です。発見学習ではたとえば地球は丸いという事実や，平行四辺形，三角形，円の面積の公式はどういったものか，といった知識だけを学ぶのではなく，地球が丸いことはどのように確認されたのか，平行四辺形，三角形，円の面積などの公式はどのように考えて作られたのかなどを体験した上で知識を得ます。これにより子どもたちはより納得することができ，理解することの喜びも感じられます。

ドリル学習

　ドリル学習は「**練習学習**」とも呼ばれる指導法です。この指導法は，学習内容の忘却を防ぎ記憶の定着を図ること，スムーズな問題解決のスキルを磨くことをねらいとしています。学習された知識や技術の記憶は時間の経過と共に忘却されます。そのため必然的に，反復的な練習学習が必要とされます。記憶に関する研究の発展などを受けて，思い出したときに覚え直すというメカニズムから，学習において練習が必要とされています。そのような流れの中で，どのようなスケジュールでドリル学習を進めることが記憶の定着につながりやすいかを示した研究もあります（Karpicke & Roediger, 2008）。

考えてみよう！..

　　① 　自分たちが児童生徒として学校で学んできた頃のことを思い出してみましょう。先生方が授業をわかりやすくするためにしていた授業の工夫として，ここまでに触れてきた学習指導法が用いられることはあったでしょうか？

　　② 　学びの豊かな授業にするために先生方はこれまで触れてきた方法以外にどんな工夫をしていたか思い出してみましょう。

みんなで学ぶ授業の展開

　学校や幼稚園，保育園などでは授業実践の中で教員が一人ひとりの子どもに働きかけているだけではありません。子どもたちがお互いのやりとりの中で学ぶことには一人での学びでは得られない効果があります。

　このような集団の相互作用を利用した学習指導法のことを「**協同学習**」または「**協働学習**」と呼ぶようになり，とくに小学校において広く取り上げられています。「協同学習」というとみんなで協力（cooperate）して同じことをするイメージが強く，「協働学習」というと異なることをしている子どもたちが集

まって共に学びを作り上げていく集まり（session）の意味合いが強くなるよう
です。ここからは，子どもたち同士のコミュニケーションを学びに活かす授業
実践につながる学習指導法や話し合いの方法を見ていきましょう。

バズ学習

バズ学習とは，共に学習する人々がお互いに切磋琢磨する小グループでの話
し合い“バズセッション”を含む学習様式です（塩田・梶田，1976）。与えられ
たテーマについて，まずは4〜6人の少人数による短時間の話し合いを行いま
す。ここでは少人数なので，全員が話す機会をもちやすくなります。全体での
討議の前にこのような話し合いのウォーミングアップをすることで，集団活動
に子どもたち全員が積極的に参加する，そして学習効果を高めるということを
バズ学習は狙いとしています。

ラウンド・ロビン（ブレーンストーミング）

ブレーンストーミングは，オズボーン（Osborn, 1953）が考えた「集団での創
造的な話し合い」の技法です。その技法のひとつであるラウンド・ロビンはア
イディアを出すことにさらに特化した話し合いの技法です。これらを行う際に
はまず4〜6人のグループを作り，話し合いの目的やルールを共有します。こ
こでの目的は「アイディアをとにかくしぼりだす」ことです。問題点や課題の
分析及びアイディアの評価は行わないことや，右回りで順番に話し，全員が話
し合いに参加することなどのルールが確認されます。

アイディアをしぼりだしたあと，出てきたアイディアについて話し合いをし
ます。ただし，何かコメントするときには，必ず「前向きな」言葉を使うこと
や否定的な発言や批判はしないこともルールのひとつです。これは，出てきた
アイディアの評価をすることがそれ以上のアイディアが出てくることを阻んで
しまうからです。このような話し合いの中で参加者は創造的に考える力を伸ば
し，集団で協力してよりよいアイディアを生み出す態度を身につけることが期
待されます。

①〜③　分割した教材の数と同じ人数からなるジグソー集団を作り，各ジグソー集団でどの教材を
誰が担当するか決める

ジグソー集団A　　　　　　ジグソー集団B　　　　　　ジグソー集団C

④　各教材の担当者がカウンターパート集団に集まり、担当する教材を学ぶ

教材1　　　　　　教材2　　　　　　教材3　　　　　　教材4

⑤　ジグソー集団に戻ってそれぞれが学んできた内容を他のメンバーと共有する

ジグソー集団A　　　　　　ジグソー集団B　　　　　　ジグソー集団C

図13-1　教材を4つに分割した場合のジグソー学習の手順（筆者作成）

ジグソー学習

　ジグソー学習は，協同学習と仲間による教えあい学習が大きな要素となる指導法です（Aronson et al., 1978）。ジグソー学習における学習の手順は次のように行われます。①学ぶべき教材をいくつか（5〜6程度）に分割します。②クラス全体をいくつかの集団（ジグソー集団）に分けます。ジグソー集団の人数は分割した教材の数と同じになるようにします。③各ジグソー集団で，分割した教材のそれぞれについて，どれを誰が担当するのかを決定します。④各ジグソー集団から，教材ごとの担当者がそれぞれ集まり，カウンターパート集団（エキスパートグループ）を構成します。カウンターパート集団では，それぞれの教材について協同学習を行い，その教材に関するエキスパートになります。⑤その後自分が所属していたジグソー集団に戻り，それぞれのエキスパートが学習した内容を他のメンバーと共有します（図13-1）。

　この方法ではカウンターパート集団で学ぶ際，ジグソー集団のメンバーに対する責任感から学習が促進されることや，カウンターパート集団での学習時およびジグソー集団に戻った後の教え合い活動などから，社会的なコミュニケーションの能力の育成が期待されています。

主体的に学ぶ授業の展開

　よりよい授業実践を求めるさまざまな試みの中で，子どもたちが教員からの話を一方向的，受動的に聴いて学習するよりも，子どもたちが自ら能動的，主体的に学習する方が学習の効果が高いと考えられています。このような能動的，主体的な学習は一般的に「アクティブラーニング」と呼ばれています。

　このようなアクティブラーニングを進めるための学習指導法として，発見学習，問題解決学習，体験学習，調査学習等だけでなく，教室内でのグループ・ディスカッション，ディベート，グループ・ワーク等も有効であると言われています（中央教育審議会，2012）。

　ただし，アクティブラーニングや**主体的・対話的で深い学び**を目指す中で，上記のようなさまざまな活動をすること自体を目的にすることは好ましくありません。それらの活動の中でどんな工夫をすれば子どもたちの学びが主体的・対話的で深いものになるのかに心を砕く必要があるでしょう。

3 教員のタイプと教員の資質
よい教員にはどうやったらなれるの？

リーダーとしての教員

　教員はクラスの中で子どもたち一人ひとりに対してだけでなく，子どもたちの集団全体に対しても大きな影響を与えます。集団や組織に影響を与える役割のひとつにリーダーと呼ばれる存在があります。このリーダーについての研究の結果はみなさんによい教員とはどんな教員なのかを考えるヒントをくれます。

　初期のリーダーシップやリーダーの研究は，どのようなタイプのリーダーが好ましいかという観点で進められています。その中でも代表的なものはリーダーシップを「民主的リーダー」「専制的リーダー」「自由放任的リーダー」という3つのタイプに分け，それぞれのタイプの特徴を示しています（Lewin et al., 1939）。

それぞれのリーダーの特徴ですが，「**民主的リーダー**」は集団の人間関係，創造性などを高め，作業への意欲を高くします。「**専制的リーダー**」は集団の作業成績を高くするのですが，メンバーの自主性が乏しくなり，リーダーに対する敵意や不満も強くなります。「**自由放任的リーダー**」が率いる集団は民主的リーダーのいる集団に比べてやる気が低く作業の出来も質量ともに劣ります。

その後リーダーシップの研究はリーダーが集団の中で果たす役割は何かという観点で発展していきます。PM理論の中でリーダーの果たすべき2種類の役割，機能として，メンバーへ指示や叱咤激励をし，目標を達成させる「**目標達成（P：performance）機能**」と集団の中の人間関係に配慮し，チームワークを維持・強化する「**集団維持（M：maintenance）機能**」があることが明らかにされました（三隅，1966）。そして，P機能とM機能の2つの能力要素の強弱により，リーダーシップを4つに分類しその特徴を説明しています。

P・M機能がともに強い「PM型」は目標を達成する力があると同時に集団を維持・強化する力もあり，理想的なリーダーシップのタイプだといわれています。P機能が強くM機能が弱い「Pm型」は目標を達成することはできますが，集団を維持・強化する力が弱くなります。P機能が弱く，M機能が強いpM型は集団を維持・強化する力はありますが，目標を達成する力が弱くなります。そしてP機能・M機能ともに弱いpm型は目標を達成する力も，集団を維持・強化する力も弱くなります。

PM理論で教員を分析した研究ではPM型の教員が，小学校においても中学校においても児童生徒の学習意欲や学校活動への動機づけを向上させることが確認されています（三隅・矢守，1989；三隅ほか，1977）。PM理論は教員がクラスの中でリーダーとしてどのような役割を果たさなければならないのかを示していると言えるでしょう。

その後リーダーシップの研究はさらに発展し，現在リーダーは集団に参加しているメンバーを観察し，メンバーの状態からリーダーシップのスタイルを変えていくべきであるという**状況対応理論**（Situational Leadership Theory：SL）が

注目されつつあります（Hersey & Blanchard, 1993）。教員もクラスの子どもたちの様子を見ながら学年の初めにはわかりやすい指示を出したり，ルールを示したりするところから始める，子どもたちが成長していく中で指示を減らし子どもたち自身で考える機会を増やし支援を増やすなどといったクラスの状況や子どもたちの成長に対応する学級経営が求められています。

教員集団の中で育つ教員

　教員としての成長は教員集団の中で起きるとする理論の中に**正統的周辺参加**（Legitimate peripheral participation：LPP）の理論があります（Lave & Wenger, 1991）。これは教員も含めたさまざまな職業人をその職業に就いた個人としてとらえるのではなく，実践共同体であるそれぞれの職業集団の一員としてとらえ，その共同体の中で成長すると考えるモデルです。

　教員の場合，子どもを成長させることを目的とする実践共同体（学校または幼稚園，保育園など）に参加しているというふうにとらえられます。初任者の教員ははじめ，正当なメンバーとして共同体に受け入れられますが，最初は副担任を任されたり，学年で使用する資料の印刷を引き受けたりするなど，中心的な仕事ではなく周辺的な仕事に関わります。そしてその中で仕事の全体像を少しずつ把握し成長します。成長の過程では相談に乗ってくれたり，適切な助言をしてくれたりする先輩のような「**メンター**」という存在に導かれることもあります。このようなプロセスを経て，徐々に共同体の熟練した中心メンバーへと成長していくのです。

　みなさんが教員として働き始めた時，学校で教えてもらうような形で教員の仕事を教えてもらえることはありません。しかし，学校という実践共同体に参加し，その中で少しずつ中心メンバーへと成長していくイメージをもって周りの先輩方をお手伝いし，観察すれば自分が教員としてどのように成長していけばいいのかが見えてくることでしょう。

13 子どもたちと先生の仲の良さには要注意！
——学級崩壊につながりやすい教員のタイプ

学校には子どもたちと友だちのように仲良くなる先生とか子どもたちからすると少し怖い先生とかいろいろな先生がいるけど，後輩さんはどんな先生になりたい？

自分は怖がられるのは嫌ですね。子どもたちと仲良くできる先生になりたいですね。

子どもたちと仲が良い先生って実は難しいんだよね……。

　子どもたちは，教員からだけでなく子どもたち同士でも互いに影響を受けて成長していきます。ですので，クラスの雰囲気はとても大事なものであり，教員が学級づくりや学級全体へのさまざまな働きかけを行う学級経営の力は教師の力量の大きな部分を占めます。

　すべての教員がよりよいクラスの雰囲気を目指しますが，時としてクラスの雰囲気が悪くなり学級がうまく機能しない状況になることがあります。このようになると，子どもたちが教室内で勝手な行動をして授業が成立しなくなることがあります。これが悪化すると，集団教育が成立しない学級の状態が継続し，学級担任による通常の手法では問題解決ができない状態になります。いわゆる「学級崩壊」です。

　学級崩壊について分析すると，1〜5年目の新任教師のクラスが学級崩壊に陥りやすいことがわかっています（須藤，2015）。学級崩壊の背景や原因についてはさまざまな要因が絡み合っていて，ひとつに絞り込むものではありませんが，直接的な要因のひとつに学級担任の指導力不足の問題があると言われています。そして，子どもの問題行動，問題を起こす子どもに対しては毅然とした態度で臨むことが大事だと言われています（文部省，1999）。

　この観点から考えると，子どもたちにダメなことはダメとはっきり言う厳しさや（普段は優しくても）叱られるときはこわいという緊張感をもった厳しさと優しさを併せ持つ教員が求められているのかもしれません。

引用文献

Aronson, E., Blaney, N., Sikes, J., Stephan, G., & Snapp, M. (1978) *The Jigsaw Classroom*. Beverly Hills, CA: Sage Publications.

中央教育審議会（2012）「新たな未来を築くための大学教育の質的転換に向けて～生涯学び続け，主体的に考える力を育成する大学へ～（答申）」.

Hersey, P., & Blanchard, K. H. (1993) *Management of Organizational Behavior: Utilizing Human Resources*, 6th Edition, NJ: Prentice Hall.

Karpicke, J. D., & Roediger III, H. L. (2008) The Critical Importance of Retrieval for Learning. *Science*, **319**, 966-968.

Lave J., & Wenger, E. (1991) *Situated Learning: Legitimate Peripheral Participation*. Cambridge, England: *Cambridge University Press*（レイヴ，J.・ウェンガー，E. ／佐伯胖訳／福島真人解説（1993）『状況に埋め込まれた学習——正統的周辺参加』産業図書）.

Lewin, K., Lippit, R., & White, R. K. (1939) Patterns of aggressive behavior in experimentally created social climates. *Journal of Social Psychology*, **10**, 271-301.

三隅二不二（1966）『新しいリーダーシップ——集団指導の行動科学』ダイヤモンド社。

三隅二不二・矢守克也（1989）「中学校における学級担任教師のリーダーシップ行動測定尺度の作成とその妥当性に関する研究」『教育心理学研究』**37**, 46-54。

三隅二不二・吉崎静夫・篠原忍（1977）「教師のリーダーシップ行動測定尺度の作成とその妥当性の研究」『教育心理学研究』**25**, 157-166。

文部省（1999）「いわゆる「学級崩壊」について～「学級経営の充実に関する調査研究」（中間まとめの概要）～」https://www.mext.go.jp/component/a_menu/education/detail/__icsFiles/afieldfile/2015/08/25/1222198_014.pdf（2022年11月3日閲覧）

Murray, H. A. (1938) *Explorations in Personality*. Oxford University Press.

Osborn, A. F. (1953) *Applied Imagination: Principles and Procedures of Creative Problem Solving*. New York: Charles Scribner's Sons.

Seligman, M. E. P., & Maier, S. F. (1967) Failure to escape traumatic shock. *Journal of Experimental Psychology*, **74**, 1-97.

塩田芳久・梶田稲司編（1976）『バズ学習の理論と実際』黎明書房。

Skinner, B. F. (1954) The science of learning and the art of teaching. *Harvard Educational Review*, **24**, 86-97.

須藤康介 (2015)「学級崩壊の社会学——ミクロ要因とマクロ要因の実証的検討」『明星大学研究紀要—教育学部』**5**, 47-59。

「教師の資質」を広く学びたい方はこちら！

ダーリング-ハモンド，L. & バラッツ-スノーデン，J.／秋田喜代美・藤田慶子訳（2009）
　『よい教師をすべての教室へ──専門職としての教師に必須の知識とその習得』新曜社。
　アメリカで教員を目指す大学生に対して，教員になる前に知っておくべき基礎的な知識，教
　員になる前となってからの学び方などをわかりやすくまとめています。

浅田匡・生田孝至・藤岡完治（1998）『成長する教師──教師学への誘い』金子書房。
　教員になってからも成長し続けるためのガイドラインが示されています。教員として成長し
　続けるためには，教員生活の中で何ができるのかが示されているので教員になってからも成
　長を続けたい人におすすめです。

第14章
みんな気になる⁉ 学校の成績
——教育評価——

後輩さんは高校の成績はどうだった？

多分人並みだった？　と思います。
学校の成績ってなんだかドキドキした記憶があります。大学でも成績が出るときは緊張します！

後輩さんは，学校の成績って何のためにあるか知ってる？

え？　そういえば，何のためにあるのでしょう？

1 教育評価とは
学校の成績は何のためにあるの？

教育評価って何？

皆さんはこれまでの学校生活の中で，たくさんのテストを受け，評価され，成績表を受け取ってきたことと思います。このようなテストや成績表は何のためにあるのでしょうか。

学校で受けるテストや先生からもらう成績表は，**教育評価**と呼ばれるもののひとつです。教育評価とは一体何なのでしょうか。教育評価とは，先生が生徒の学習の状況を評価することだけを指すものではありません。教育評価は現在広い意味で用いられており，教育活動に関わる活動の実態の把握やそれらの良

表14-1　教育評価の対象となるもの

```
① 学習者個々人
② 教育活動
③ 教育内容（カリキュラム）
④ 教師（教育指導者）
⑤ 学習者集団
⑥ 教師をも含めた学級（ホームルーム）
⑦ 教師集団
⑧ 学校全体の在り方
⑨ 基本的施設
⑩ 校地および校舎
⑪ 地域的環境
⑫ 教育施設の管理・運営
⑬ 教育行政システム
⑭ 社会全体における各種教育施設の位置づけと機能・役割
```

（梶田，2010をもとに筆者作成）

し悪しの判断のすべてが含まれているとされています。これはどういうことかというと，教育評価は先生が生徒の学習の状況を評価することはもちろん，教育活動そのものの評価や指導内容の評価，先生への評価なども含まれるということです（梶田，2010）。他にも表14-1に示すものなどが教育評価の対象となるとされています。このように教育評価とは，教育に関わるあらゆるものが対象となり，また，教育に関わるあらゆる人々が評価者になりえるものなのだということを覚えておいてください。

指導と評価の一体化

　教育評価はどうして行われるのでしょうか。教育評価を行う理由は，主に生徒の学習や指導といった教育に活かすためとされています。中央教育審議会・初等中等教育分科会・教育課程部会（2019）の「児童生徒の学習評価の在り方について（報告）」を見ると，学習の評価のあり方について「①児童生徒の学習改善につながるものにしていくこと，②先生の指導改善につながるものにしていくこと，③これまでの慣行として行われてきたことでも，必要性・妥当性が認められないものは見直していくこと」とあります。このことから，昔から行われてきたテストなども，生徒のためになっていないのであれば見直す必要

があるといえます。これは学習に対する評価だけでなく，教育評価全体にも当てはまります。それでは，どうすれば評価は生徒の学習や先生の指導のためになるのでしょうか。日々のテストやレポートの成績をどのように活用すれば学習や指導が改善していくかについて考えてみましょう。

カリキュラム・マネジメント

評価を学習や指導に活かすためには，テストやレポートを課している教育自体がどのような計画や目標をもっているかということが重要になります。水泳の選手は大会で目標のタイムを達成するために，大会までの練習計画を練り定期的にタイムを計測しますよね。それと同じで教育でも計画と目標を設定し，それらに応じて評価をする必要があるのです。教育の計画と目標は，各学校の**教育課程（カリキュラム）**に記されています。各学校にあるカリキュラムは文部科学省が公示している**学習指導要領**[1]をもとに作成されています。先生は授業それぞれの教育目標を把握する必要もありますが，日本の学校で教育を行うのであればこの学習指導要領を確認する必要があるでしょう。

目標や計画はただ立てればよいというものではありません。計画通りに進んでいなければ，計画の見直しが必要ですし，目標が想定よりも早く達成できそうならば発展的な目標を加えることもできます。そのような判断をするには評価が重要となります。たとえば，生徒にとって学期末の成績は自分の学習の成果を確認するものでありますが，先生にとってはカリキュラムの進捗を判断するための指標にもなります。このようにカリキュラムの計画を立て実行し，評価し，調整する作業は**カリキュラム・マネジメント**[2]と呼ばれています。評価を

---

(1) 学習指導要領は文部科学省のホームページから閲覧することができます。
文部科学省（2019）「平成29・30・31年改訂学習指導要領（本文，解説）」https://www.mext.go.jp/a_menu/shotou/new-cs/1384661.htm（2022年6月18日閲覧）。
(2) カリキュラムと評価との関係について詳しく知りたい人は，こちらの本も読んでみよう！
原清治・春日井敏之・篠原正典・森田真樹監修／細尾萌子・田中耕治編著（2018）『新しい教職教育講座　教職教育編6　教育課程・教育評価』ミネルヴァ書房。

通して先生は常に教育カリキュラムの計画を確認し，目標と現状に合わせて調整するといったサイクルを繰り返していく必要があるのです。

診断的評価・形成的評価・総括的評価

　教育における評価は学習や指導のためにあります。それでは評価はどのように指導に活用されているのでしょうか。評価は教育の最初，最中，最後に実施されており，それぞれに異なった役割があるとされています。ブルーム（Bloom, B. S.）ほか（1984）は，教育の最初に行う評価を**診断的評価**，教育の最中に行う評価を**形成的評価**，教育の最後に行う評価を**総括的評価**と呼んでいます。たとえば，次のページの図14-1のように授業に入る前にテストを行い，そのテストの出来に応じてクラス分けをすることで，それぞれの生徒の能力に応じた授業をすることができるでしょう。各授業中では小テストをすることで，その状況を見ながら授業の内容を調整することが考えられます。授業の後の期末テストでは，授業を通して生徒がどのように成長したかを確認することができます。以降ではこれらの3つの評価について詳しく解説していきます。

　診断的評価は，教育の最初に生徒の状態を診断するために行われる評価です。診断的評価を行うことで事前に生徒の状況を把握でき，授業の計画や内容を生徒の状況に応じて決定することができます。たとえば，入学者選抜の試験は受験者が学校の教育の水準に達しているかどうかや学校のアドミッションポリシーに合致しているかを検討しています。試験を通して受験者は現在の状況に適した教育カリキュラムに進むことができるといえます。また，入学後の指導においても選抜時の成績が手掛かりになります。

　形成的評価は，教育の中で生徒の学習状況を判断するのに使用される評価です。この形成的評価を行うことで，先生は授業内容をより生徒に適したものに調整することができます。評価は指導のために行われるものであることから，この形成的評価がとても重要であるとされています。たとえば，学校の中間テストや期末テストの結果に応じて先生はその後カリキュラムの進行や授業方法の工夫を行います。その他にも，生徒の卒業時の成績を分析することで，学校

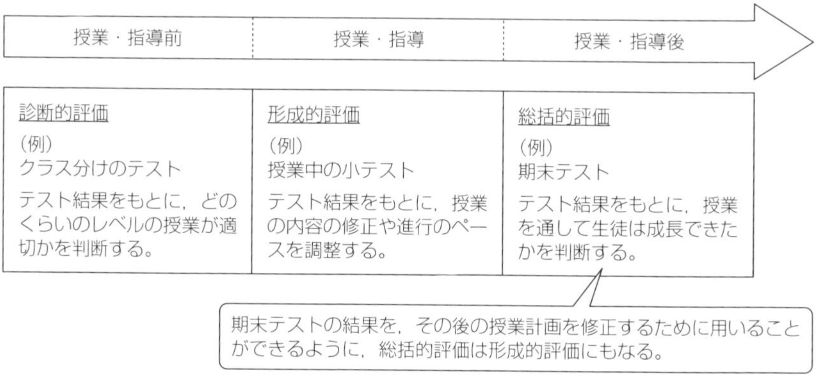

授業・指導前	授業・指導	授業・指導後
診断的評価 （例） クラス分けのテスト テスト結果をもとに，どのくらいのレベルの授業が適切かを判断する。	形成的評価 （例） 授業中の小テスト テスト結果をもとに，授業の内容の修正や進行のペースを調整する。	総括的評価 （例） 期末テスト テスト結果をもとに，授業を通して生徒は成長できたかを判断する。

期末テストの結果を，その後の授業計画を修正するために用いることができるように，総括的評価は形成的評価にもなる。

図14-1　診断的評価・形成的評価・総括的評価の例（筆者作成）

の教育方針そのものを改善することも想定されます。生徒にとっては学習の成果として見る成績も，先生にとっては今後の教育を形成するための評価となるのです。

　総括的評価は，教育の最後に教育の成果を確認するために使用される評価です。この評価を行うことで生徒は教育によって何を得たかを知ることができ，先生は実施した教育の効果を知ることができます。もちろんそのこと自体に意味はありますが，前述したように評価というものは指導のために行います。そのため総括的評価もその後の指導のために使用されることを意識する必要があります。図14-1にあるように，総括的評価をそのままで終わらせるのではなく形成的評価としても使用し，今後の教育活動に活かす必要があるでしょう。生徒に対しても成績を単に提示するだけでなく，その後の学習に活かすための意識づけをする必要があります。評価をやりっぱなしで終わらせるのでは本来の評価の役割を果たすことはできません。

2 評価はどうやって決まるの？
教育評価の手段：評価方法の基礎知識

相対評価・絶対評価

　先生にとって評価をするということは，重要な教育活動の１つになるのですが，それらはどのように行われているのでしょうか。評価をされる生徒にとっても気になるところではないでしょうか。評価の方法には**相対評価**と**絶対評価**があります。

　相対評価とは，評価される人たちを比べることで成績をつける評価方法です。相対評価では，次のページの図14−2にあるような「正規分布曲線」に基づいて生徒の成績を割り出します。５段階評定では，クラスの上位７％が「５」，次の24％が「４」，次の38％が「３」，次の24％が「２」，最後の７％が「１」といった具合に，クラス内での成績に応じて評定を割り振ります（若林，2021）。偏差値による評価もこの方法の１つになります。2001年に評価方法が変更されるまで，日本の学校教育ではこの相対評価による評価が行われていました。相対評価を行うことのメリットとしては，先生が主観的な感覚で評価することに比べると客観的である点があります。これはどういうことかというと，たとえば国語の成績が「５」だったとして，先生の主観でつけられた成績ではそれが実際の国語の力を示すものかどうかは先生の感覚を信じるしかありません。しかし，相対評価でつけられた成績であれば，少なくとも国語の力がクラスの上位７％であることがわかるということです。デメリットとしては，あくまでその成績は他の人と比べた場合にどの位置にあるかを示すものであるという点です。たとえば，クラス全員の能力が高かった場合，教科書の内容をほとんどマスターしても，微妙な差で順位をつけられ実際の能力の割には良い成績が出ない可能性があります。逆に全員の能力が低いと，教科書の内容があまりわかっていなくても，偶然いくつかのテストの点が高いことで良い成績になってしまうことも考えられます。本来，評価は教育に活用されるためにあるものですか

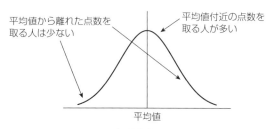

平均値から離れた点数を
取る人は少ない

平均値付近の点数を
取る人が多い

平均値

図14-2　正規分布曲線（筆者作成）

ら，教育の目標をクラスのほとんどが達成しているのであればクラス全員が良い成績でもよく，そのような指導が行われるべきです。このように，相対評価は指導と評価の一体化の観点からは適切な評価方法とは必ずしも言えず，実際に現在の学校の主要な評価は相対評価から別の評価方法に移行しています。

　絶対評価とは，評価される人たちを比べるのではなく，評価する人がそれぞれの能力に応じて成績をつける評価方法です。テストなどで先生が点数をつけるといった形式のものの多くは絶対評価に該当します。絶対評価のメリットとしては，先生の視点から生徒の能力に応じた評価ができるという点です。デメリットとしては，先生の主観によって歪んでしまう可能性があるということが挙げられます。実は日本では相対評価が行われる以前は絶対評価が行われていました。しかし，そのころ行われていた絶対評価では先生の主観で行われてしまうことがありました。このような，先生の主観で行われることのあった絶対評価は**認定評価**と呼ばれ，客観性に欠けるものでした。最悪の場合，先生の印象が良い生徒は良い成績に，印象が悪い生徒は悪い成績になった可能性があったということです。そのような主観的な評価から脱却すべく相対評価となったのですが，こちらは，客観性はあるものの前述したように指導と評価の一体化にそぐわないものでした。そのため，2001年に改訂が行われ，教育の到達目標の到達度に応じて評価が行われるようになりました。このような評価は**到達度評価**と呼ばれています。現在はより教育の目標に照らした評価である「**目標に準拠した評価**」が行われています。この「目標に準拠した評価」では主観による影響のないよう十分な評価基準が設けられています。たとえば，**ルーブリッ**

クに基づいた評価が行われています。この評価では，評価観点ごとに評価基準が設けられており，どのようにして評価するか明確になっています。そのため，このルーブリックに基づいて評価することで，誰が評価をしても同じように評価できるようになります。つまり，目標に応じた客観性の高い評価ができるということです。ルーブリックによる評価については第3節のパフォーマンス評価の項で詳しく説明します。

他者評価・自己評価・相互評価

　評価といえば先生が生徒につけるものというイメージがありますよね。しかし，指導のために評価があるという考え方のもとでは必ずしも評価は先生だけが行うとは限りません。時には自分を自分で評価する場合もあれば，生徒どうしが評価する場合もあります。ここでは，誰が評価するかという視点から**他者評価，自己評価，相互評価**について紹介します。

　他者評価とは，学習者を学習者以外が評価するような方法です。代表的な例は先生が生徒を評価する場合ですが，学校の教育カリキュラムの評価や学校自体を評価する際に，学校外の第三者機関が評価する場合も含まれます。教育を第三者の視点から評価することで，自分たちでは気づくことのできなかった問題について知ることができる可能性があります。目標とそれに応じた評価基準による他者評価は客観性も高く，生徒の学習状態や教育の指導状況をある程度正確に把握することができます。しかし，評価が学習や指導のためにあるという観点から，他者評価のみでは不十分な場合があります。

　自己評価は，学習者や教育者が自分自身で自己の学習や教育を評価するものです。他者評価に比べると主観の影響を受けやすいですが，評価基準を明確にすることである程度客観性を保つこともできます。また，他者評価にないメリットとして学習者が自分自身で学習を行う力や，教育者が自分自身で教育方法を工夫する力を高めることができるという点があります。文部科学省（2019）が公開している平成29・30・31年告示の学習指導要領では，「学びに向かう力」の獲得が目標とされており，このような力を身につけるためには自分自身で学

習する力を高める必要があります。自分自身で学習するためには，自分で自分の学習の状況を確認し調整していく必要があります。そのために自分で自分を評価する力を身につけることが重要になります。自身で自分の学習を調整して学習を進める学習方法の詳細については，第8章の「4　自ら学ぶ（自己調整学習，メタ認知）」をご参照ください。これは教育者も同様で，教育者も自分の指導力を高めるためには自分を自分で評価することが重要です。

　相互評価とは，基本的には同じ立場にあるものどうしが評価しあうというものです。代表的な例としては，学習者どうしが互いに学習状況などを評価するというもので，相互評価を通して学習内容の理解を深めるとともに，学習内容に対する新たな観点を得ることができる可能性があります。また互いに評価することで，自分にない評価観点や評価基準を知ること，自己評価をする力を高めることができます。学習者が自己評価・相互評価を行う場合，学習者の発達段階などによってはうまく評価を行うことができない場合もあります。そのような場合は，教育者によるサポートが必要です。

＿＿＿＿＿＿
考えてみよう！ ....

　　① 自己評価を取り入れた授業計画としてどのようなものがあるか
　　　を自分なりに考えてみましょう。

 　　② 相互評価を取り入れた授業計画としてどのようなものがあるか
　　　を自分なりに考えてみましょう。

3 教育評価の手段：真正の評価（オーセンティック評価）
テストだけじゃない！　新しい評価の方法

真正の評価とは

　教育評価では，何のために評価するのかということがとくに重要です。近年

198

の教育では，実際に社会の中で活かすことのできる力を身につけることが重視されるようになってきました。つまり，現在の教育評価には実生活の中で必要となるような力を身につけているかを判断する必要性も高まっています。実生活の中で本当に必要となる力を評価するという考えを，**真正の評価（オーセンティック評価）**といいます。テストといえば代表的なものとしてペーパーテストや，実技テストが挙げられますが，それだけで生徒が社会を生きる上で本当に必要な力を評価することができると言えるでしょうか。この真正の評価の考え方のもと，これまで行われていたペーパーテストや実技テストのみならず，近年では，もっと総合的な視点から生徒を評価しようという試みがなされています。ここではこの真正の評価を行うための方法として，**パフォーマンス評価**と**ポートフォリオ評価**を紹介します。

パフォーマンス評価

パフォーマンス評価とは実際に何ができるようになったのかを測る評価方法です。この評価は単に，漢字をどれだけ覚えたか，数学の公式をどれだけ覚えたかのように単に知識を測るものではありません。それらが教育を経て，実際に使えるようになったかを評価するものになります。こうした，実際に課題を解決することはパフォーマンスと呼ばれ，パフォーマンスの能力を測るための課題は**パフォーマンス課題**と呼ばれます。パフォーマンス課題は使われる知識やスキル，特定の課題や文脈，生み出された作品から構成されるとされています（岸本，2021a）。たとえば，覚えた漢字や公式について，実際に自分の意見を述べる活動や数量に関わる課題を課して，その中でそれらを使うことができるかを評価する必要があるということです。

　パフォーマンス評価は，真正の評価を行うためのひとつの代表的な手法となるわけですが，実際に評価する段階ではどの目標をどれだけ達成できたのかを明確に定めて判断する必要があります。そのため，パフォーマンス評価では**ルーブリック**を用いた評価が用いられます。ルーブリックを用いた評価は，目標に応じてそれをどれだけ達成できたのかを，いくつかの段階に分けその段階

表14-2　ルーブリックの例

目標	優	良	可	不可
一般的に使用される漢字を習得し、それらの漢字を使用して文章を作成することができる。	一般的に使用されている漢字を覚えることができており、作文などを書く際に効果的に使用することができる。	一般的に使用されている漢字を覚えることができており、教員の支援などがあれば作文などを書く際に使用できる。	一般的に使用されている漢字を覚えることができているが、作文などを書く際に使用できていない。	一般的に使用されている漢字を覚えることができていない。

（筆者作成）

を基準として評価するものです。先ほどの漢字の例の場合、表14-2のように目標に応じた達成段階を、漢字を覚えていない「不可」、漢字を覚えているが作文などで使用できない「可」、漢字を覚え、教員の支援などがあれば作文などで使用できる「良」、漢字を覚え、作文の中で効果的に使用できる「優」のように設定し、生徒の能力がどの段階にあるかを複数の課題の結果から評価します。このように明確な評価基準を設けることで、パフォーマンスの能力という多様な測定が考えられる能力を、できる限り主観を排除して評価することができるようになります。

ポートフォリオ評価

　ルーブリックを用いたパフォーマンス評価は、教育の目標に照らしてどの程度その目標に到達したのかを測定するのに便利であるといえます。しかし、社会に必要な能力を測るものはパフォーマンス評価に限りません。私たちは自分自身の能力を示すために取得している資格やこれまでの実績を挙げることがあります。たとえば、スポーツ選手の移籍などではその選手のそれまでの大会成績や試合での活躍が評価されますし、アーティストでは代表作や個展の実績が評価されますよね。これらと同様に、目標に照らした能力を測る際には、その能力に関連した作品や実績を作ってきたのかを評価するという方法があります。このような評価の仕方を**ポートフォリオ評価**といいます。**ポートフォリオ**は、学習の成果としての作品や学習のプロセスを示す作業メモ、子どもの自己評価、

先生による指導と評価の記録などで構成されるとされています（岸本，2021b）。こうしたポートフォリオは生徒と先生がともに，これまでの実績を選定することで作り上げていくとされています。このように生徒のこれまでの実績を総合的に評価することで，生徒がそれぞれ磨き上げてきたその特性に応じた力を総合的に評価することができます。また，こうした活動を通して生徒自身も，これまでの活動を整理し総括することができるようになるのです。

　本章で述べてきたように，教育における評価とは学習と指導のためにあるものです。そのため現代の教育現場では目標に準拠した評価が行われるようになりました。しかし，相対評価をしなくてもよいわけではありません。大学入学者選抜についての進路指導などでは，全国的に見て生徒の学力がどの程度の学力であるかを偏差値でみることが有効な場合もあるでしょう。また近年では，真正の評価の考え方に基づいて，ルーブリックによるパフォーマンス評価や，ポートフォリオ評価といった新しい評価の方法も積極的に取り入れられるようになっています。先生を目指す方々は，日々の教育の情報に十分にアンテナを張り，教育の中でそのつど，その目的に適した評価方法を選択できるようになりましょう。

引用文献

ブルーム，B. S.・ヘスティングス，J. T.・マドゥス，G. F.／梶田叡一・渋谷憲一・藤田恵璽訳（1984）『教育評価法ハンドブック——教科学習の形成的評価と総括的評価　13版』第一法規。

中央教育審議会・初等中等教育分科会・教育課程部会（2019）「児童生徒の学習評価の在り方について（報告）」https://www.mext.go.jp/component/b_menu/shingi/toushin/__icsFiles/afieldfile/2019/04/17/1415602_1_1_1.pdf（2022年 6 月18日閲覧）。

梶田叡一（2010）『教育評価〔第 2 版補訂 2 版〕』有斐閣双書。

岸本実（2021a）「パフォーマンス評価：パフォーマンス課題とそのつくりかた」田中耕治編『よくわかる教育評価　第 3 版』ミネルヴァ書房，pp. 116-117。

岸本実（2021b）「ポートフォリオ評価法」田中耕治編『よくわかる教育評価　第 3 版』ミネルヴァ書房，pp. 124-125。

文部科学省（2019）「平成29・30・31年改訂学習指導要領（本文，解説）」https://www.mext.
　　go.jp/a_menu/shotou/new-cs/1384661.htm（2022年6月18日閲覧）。
若林身歌（2021）「相対評価」田中耕治編『よくわかる教育評価　第3版』ミネルヴァ書房，
　　pp. 18-19。

「教育評価」を広く学びたい方はこちら！

田中耕治編『よくわかる教育評価　第3版』ミネルヴァ書房。

　この本では，本章で紹介しきれなかった教育評価に関わる用語の解説や教育評価の歴史，海外の教育評価制度まで幅広く収録されています。これから教育評価について学ぶ方には必読の1冊です。

西岡加名恵・石井英真・田中耕治編（2022）『新しい教育評価入門——人を育てる評価のために〔増補版〕』有斐閣コンパクト。

　近年の教育評価は学習指導要領の改訂を経て大きく変動しています。この本では，現在行われている評価方法の詳細やその背景にある考え方が記載されていますので，先生を目指す方々はぜひご一読ください。

榎本拓哉・西本絹子（2019）「アセスメントと教育評価」杉本明子・西本絹子・布施光代編『理論と実践をつなぐ教育心理学』みらい，pp. 145-163。

　本章では，子どもの学習に関わる心的特徴を理解するためのアセスメントの方法については詳しく記載しませんでしたが，その点について気になる方はこちらも確認して勉強を進めることをお勧めします。

あなたはどうやって評価する？

後輩さんは評価されることについてどう思っていましたか？

 正直，先生はちゃんとみて評価してくれているのかな？　と思うこともありました。

もし，後輩さんが先生になったら，ちゃんと生徒のことをみて評価できると思いますか？

 そう考えると少し難しいかもしれませんね。でも，生徒にとって先生の評価は重要ですので，がんばります！

　先生になれば生徒を評価しなければなりません。成績をつける先生はどんな気持ちなのでしょうか。少し先生の気持ちになって考えてみましょう。学校教育法施行規則の第24条において「校長は，その学校に在学する児童等の**指導要録**（学校教育法施行令第31条に規定する児童等の学習及び健康の状況を記録した書類の原本をいう。以下同じ。）を作成しなければならない」とあります。先生は生徒の指導要録を作成する必要があります。指導要録を作成するためには，どんなテストや課題が必要でしょうか。文部科学省のホームページから小中高いずれかの指導要録の参考様式を閲覧し，これまでの経験や学んだことを踏まえて考えてみましょう。

第15章
学校に馴染めない……　そんな時に起こること
――学校適応――

....

ダイアローグ

後輩さんは，学校は好き？

 はい，学校は好きな方だと思っています。ですが，最近，学校が楽しく感じなくなってきました……。

そうなんだね……。後輩さんはクラスや周りの友達の雰囲気に馴染めているかな？

 周囲に馴染む……。うーん，あまり考えたことはなかったけど，学校に馴染むってどういうことなのでしょうか？

1 適応と不適応
学校に馴染めない・行けない子どもとは

適応とは

　本章では，環境に馴染む，つまり人の適応について考えていきたいと思います。現在，教育心理学に関連する領域において，**適応**という言葉について端的に説明をするならば，「個人と環境の相互作用や個人と環境の関係を表す概念である」（大久保，2005）というものが一番シンプルなものとして挙げられます。もう少し平易な表現をするならば，「個人と環境が調和（フィット）している状態」といってもよいかもしれません。今いる環境に対して，個々人がもっている能力が上手く機能している状態，もしくは環境が求めている素質や行動に対

して，個々人がその要求にフィットするように変容していくことを「適応する」と表現してよいかと考えます。

適応感とは

それでは，個人が環境に適応しているかどうかは，心理学研究としてどのように測定できるのでしょうか。教育心理学の中では，**適応感**という概念を用いている研究が多く見られます。適応感とは，「個人が環境と適合していると意識していること」であると考えられています（大久保，2005）。適応感は適応そのものを意味する概念ではありませんが，個人の適応の指標のひとつとしてとらえられるものであり，適応の過程よりも状態を表す指標であるとされています。また，適応感は個人差があり，適応感を規定するものは個人と環境との主観的な関係であると考えられており，自分が環境に調和（フィット）している感覚である，といえます。

青年期における適応感

青年期の適応感については，中学生・高校生・大学生を対象に青年用適応感尺度を作成して調査が行われています（大久保，2005）。その結果，まず，青年用適応感尺度で用いられた47項目は，「居心地の良さの感覚」「課題・目的の存在」「被信頼感・受容感」「劣等感の無さ」の４つの特徴（因子）に分けられることが示されました。「居心地の良さの感覚」の因子には，「周囲に溶け込めている」「周囲となじめている」といった項目が含まれており，「課題・目的の存在」因子には「将来役に立つことが学べる」「これからの自分のためになることができる」といった項目が含まれていました。また，「被信頼感・受容感」因子には「周りから頼られていると感じる」「周りから期待されている」などの項目が含まれており，「劣等感の無さ」因子には「周りに迷惑をかけていると感じる」「自分だけだめだと感じる」「役に立っているなと感じる」といった項目が含まれることが示されました。

次に，中高生を対象として学校生活の要因と適応感との関連について検討が

なされています。この研究のポイントは，調査対象となった中学校では，教育指導上問題のない（荒れていない）学校と教育指導上問題のある（荒れている）学校，高校では，いわゆる進学校や困難校とされる学校など，さまざまな学校が調査対象となっている点です。調査では，「友人との関係」「教師との関係」「学業」に関する質問紙を用いており，その結果，どの学校においても「友人との関係」が適応感に強く影響を与えていることが示されました。一方，「教師との関係」「学業」と適応感の関係の構造は学校ごとに異なっているという結果が示されました。たとえば，荒れていない中学校では「教師との関係」が良好な場合，「居心地の良さの感覚」「課題・目的の存在」「被信頼・受容感」も良好でした。一方，荒れている中学校において「教師との関係」が良好な場合，逆に劣等感を感じる傾向が示されました。高校では，進学校において「学業」が良好な場合，「課題・目的の存在」の得点が高いものの，その他の項目では共通した特徴はみられませんでした。また，困難校においても共通した特徴はみられず，「教師との関係」や「学業」が適応感に与える影響については，学校独自の雰囲気によることが示唆されています。

　これらの結果から共通して言えることは，中高生の学校生活において，友人との関係が学校への適応感に影響を及ぼしているということです。青年期は友人関係の重要性が高まる時期であり，たとえば不登校の原因として友人関係上の問題が挙げられるところが多いように，友人との関係が学校への適応感と最も関連していることを示唆しています。教育機関に通う時期においては，個人を取りまく環境には友人関係が重要な要素のひとつとなり，友人関係との調和（フィットネス）が適応していることのひとつの目安と言えるかもしれません。

過剰適応

　適応とは，個人が環境にフィットしようとする努力の結果であるといえます。周囲の友達や他者と調和的に過ごすことは一見望ましい姿のようにも見えますが，適応することに頑張りすぎてしまう場合，**過剰適応**とも呼ばれます。過剰適応とは，「行き過ぎた適応」のことを指し，環境からの要求や期待に個人が

完全に近い形で従おうとすることであり，内的な欲求を無理に抑圧してでも，外的な期待や要求にこたえる努力を行うことと定義されます（石津・安保，2008）。過剰適応を助長させる要因として，親からの愛情や承認を求める心性（Oleson et al., 2000）や，低い自尊感情を補填しようとするための動因からくる**内的プレッシャー**（Giacobello, 2000）が想定されています（石津・安保，2008）。

　中学生への調査の結果，「自己抑制」（「自分の気持ちをおさえてしまうほうだ」「自分自身が思っていることは，外に出さない」などの項目から構成される）および「自己不全感」（「自分のあまりよくないところばかり気になる」「自分には，あまりよいところがない気がする」などの項目から構成される）は，心身の適応のうちとくにストレス反応と関連することが示されています（石津・安保，2008）。これらの性格特徴の傾向が強いと学校適応感が低くなることを示しています。その一方で，そうした性格特徴の傾向が低い場合であっても，社会集団に適応しようと努力する「他者配慮」「人からよく思われたい欲求」「期待に沿う努力」がなされる場合，学校適応感は保たれることも示しています。

　個人が発達の過程で環境（社会的期待や社会的規範）にフィットしようとするのは一種の**社会化**と呼ぶことができます（石津・安保，2008）。臨床場面において，過剰適応は無理をしすぎている状態や頑張りすぎている状態，ひいては他者の要求にこたえる努力が持続できなくなった状態（バーンアウト）を引き起こしかねないという意味で非適応的とみなされやすいですが，人によっては社会適応を支える要因ととらえることもできます。これらの両側面が共存していることをふまえて，個人にとっての適応の目標状態（ゴール）を考えていくことは重要な視点であると言えます。

不適応とは

　小学校〜高校そして大学までの教育機関に通う時期において，不適応は不登校という言葉で表現されることが多いです。文部科学省の定義によると，**不登校**とは「何らかの心理的，情緒的，身体的あるいは社会的要因・背景により，登校しない，あるいはしたくともできない状況にあるため年間30日以上欠席し

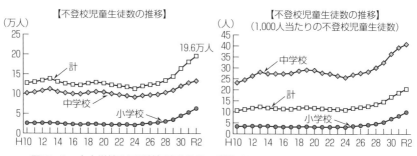

図15-1　小中学校の不登校児童生徒数の推移（文部科学省，2022 別添資料より）

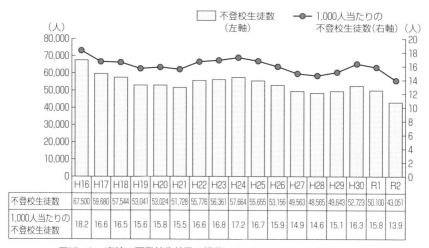

	H16	H17	H18	H19	H20	H21	H22	H23	H24	H25	H26	H27	H28	H29	H30	R1	R2
不登校生徒数	67,500	59,680	57,544	53,041	53,024	51,728	55,776	56,361	57,664	55,655	53,156	49,563	48,565	49,643	52,723	50,100	43,051
1,000人当たりの不登校生徒数	18.2	16.6	16.5	15.6	15.8	15.5	16.6	16.8	17.2	16.7	15.9	14.9	14.6	15.1	16.3	15.8	13.9

図15-2　高校の不登校生徒数の推移（文部科学省，2022 別添資料より）

た者のうち，病気や経済的な理由による者を除いたもの」とされており，子ど
もが学校に行けない，あるいは行っていない状態を指します。文部科学省が行
った令和2年度「児童生徒の問題行動・不登校等生徒指導上の諸課題に関する
調査」（以下，「令和2年度問題行動等調査」）によると，小・中学校における長期
欠席者のうち，不登校児童生徒数は19.6万人（図15-1），高等学校等において
は4.3万人となっています（図15-2）。

　また，「自宅にひきこもって学校や会社に行かず，家族以外との親密な対人
関係がない状態が6ヶ月以上続いており統合失調症（精神分裂病）やうつ病な

どの精神障害が第一の原因とは考えにくいもの」はひきこもりとして定義されています（厚生労働省HP「政策レポート」）。「ひきこもり」状態にある者については，内閣府の調査において，15歳から39歳までで54.1万人（平成27年12月調査），40歳から64歳までで61.3万人（平成30年12月調査）と推計されています（内閣府HP「ひきこもりに関する調査について」）。

　不登校になる理由としては，さまざまなものが挙げられます。学校生活上の理由としては，学業不振，いやがらせやいじめをする生徒の存在や，教員との人間関係等が挙げられます。また，無気力でなんとなく登校しなくなってしまうケースもあるかもしれませんし，登校の意志はあるものの，精神的な不調によって登校ができなくなってしまうケースもあります。また，子どもによっては学校に行く意義が認められず，自分の好きな方向を選んで意図的に登校を拒否するケースや，素行がよくないグループ，時には非行グループにはいったりして登校しなくなってしまうこともあるかもしれません。

　先述した「令和2年度問題行動等調査」では，「不登校の要因」については，「無気力・不安」(46.9%)，「生活リズムの乱れ，あそび，非行」(12.0%)，「いじめを除く友人関係をめぐる問題」(10.6%)，「親子の関わり方」(8.9%)，「学業の不振」(5.4%)，「教職員との関係をめぐる問題」(1.2%)と多岐にわたることが示されました。

　くわえて，調査における自由記述では，「先生の指導が怖かった」「学校の先生に○○しなさいと言われることがプレッシャーに感じた」「授業がわかりやすい学校（であれば休まず通えた）」「勉強に追いつけない」「発達障害や性の多様性に関する理解が足りない」などの意見もあり，一部の教師・学校の対応や理解不足，学業不振等によって不登校となってしまった事例も指摘されています。表15-1に，不登校の兆しとして挙げられるポイントをまとめています。当てはまる項目や気になる項目がある場合は，子どもの様子をみながら早めのサポートや対応を行っていくことが肝要です。

表15-1　不登校の兆しとして挙げられるポイント

〈学校でのポイント〉
・理由のはっきりしない欠席が多くなる（保護者から，風邪・頭痛・腹痛などの欠席の連絡があっても，継続的に繰り返される場合は要注意）。
・身体の不調を訴え，保健室に行くことが多くなる。
・休日の翌日や特定の教科の日に欠席が多くなる。
・休み時間に友だちと過ごさず，保健室や人のあまり行かない所へ行くようになる。
・部活動や委員会活動を休みがちになり，辞めたがる。
〈家庭での兆候〉
・前の晩には学校へ行く準備をするが，翌朝になると起きてこない。
・朝，登校を促すと，腹痛・頭痛・下痢・発熱などの身体症状を訴え，休みたがる。保護者が学校に欠席連絡すると元気になる。
・食欲がなく，顔色が悪くなる。
・朝食や身支度に時間がかかる。休まないが，ぐずぐずして遅刻するようになる。
・夜更かしをし，「眠れない」と言うようになる。
・急に戸外で遊ばなくなり，自分の部屋に閉じこもることが多くなる。
・家族との会話が少なくなり，避けるようになる。

（筆者作成）

学級適応感に影響を与える要因──教師に対する安心感について

　学校生活において，中心となる場所は学級（クラス）です。それでは，クラスに馴染んでいる感覚，つまり**学級適応感**とはどのような要因の影響を受けるのでしょうか。前項までに，友人関係の重要性を示した研究を紹介しましたが，本項では教師に対する信頼感に着目した研究を紹介します。

　中学生の教師に対する信頼感と学級適応感との関連を検討した研究（中井・庄司，2008）では，31項目からなる質問紙調査を行った結果，「安心感」「不信」「役割遂行評価」の３つの特徴（因子）が抽出されました。「安心感」因子には，「先生にならいつでも相談ができると感じる」「私が不安なとき，先生に話を聞いてもらうと安心する」「私は先生と話すと気持ちが楽になることがある」といった項目が含まれていました。「不信」因子には，「先生は自分の考えを押し付けてくると思う」「先生は自分の機嫌で態度が変わると思う」「先生は一度言ったことを，ころころ変えると思う」といった項目が含まれていました。「役割遂行評価」因子には，「先生は悪いことは悪いとはっきり言うと思う」「先生

は自信を持って指導を行っているように感じる」「先生は教師としてたくさん
の知識を持っていると思う」といった項目が含まれていました。

　さらに，これらの因子と学校生活における適応感との関連を調べた結果，生
徒が教師に寄せる信頼感は，「教師関係」といった教師との関係のよさに関す
ることだけでなく，生徒の「学習意欲」「進路意識」「規則への態度」「特別活
動への態度」といった，さまざまな適応感の側面にも影響を及ぼすことが示さ
れました。また，中学1年生から3年生にかけて，教師に対する「安心感」が
生徒の学校適応感に影響を与えていることも示されており，教師との関係にお
いて生徒が「安心感」をもつことが，生徒のメンタルヘルスの維持や学校生活
の質の向上に寄与する可能性が示唆されています。

考えてみよう！ ....

　　① 今までの学校生活の中で，自分の適応の状態はどうだった？

 　② 学校に行きたくない時ってあったかな？　その時，自分に刺激
　　を与えてくれたものは何だった？

　　③ 中高生，とくに思春期の発達を考える上で，重要な視点は何だ
　　と思いますか？
　　　たとえば，心が落ち着く場所は発達に伴ってどのように移り変
　　わっていくだろう？

---

2 心の居場所
自分が落ち着きやすい場所って？

心の居場所の発達的変化

これまで論じてきたように，子どもの生活において，「学び」の主な場は学

校であるといえます。しかし，学校教育だけが子どもの心の発達を促すわけではありません。学習場面，テストや競争などの緊張場面だけではなく，ホッと一息ついて安心して過ごす場所があることは，心に余裕をもたせる上で重要です。余裕をもって心のエネルギーを充電できるからこそ，心の準備をしたり自分らしい表現を行ったりできるのではないでしょうか。子どもが「安心して身を置くことのできる場所」，つまり「**心の居場所**」はどこにあるのでしょうか。そして，その居場所は年齢が上がるとともに変わっていくのでしょうか。

　小・中・高校生を対象に「居場所」の発達的変化を調べた研究（杉本・庄司，2006）では，小学校5・6年生，中学校1〜3年生，高校1〜3年生を対象とした質問紙調査の結果，小学6年生以上の学年では，「居場所」として挙げられたのは「自分の部屋」が1位でした。続いて2位は「家（リビング）」が挙げられており，3位は「友達の家」「学校」などばらつきがみられました。これらのことから，「自分ひとりの居場所」「家族のいる居場所」「家族以外の人のいる居場所」といった場所が子どもにとっての居場所となりうることが示唆されています。とくに，小学生では「家族のいる場所」が居場所としてとらえられているもの，その後中学・高校に上がるにつれて「家族以外の人のいる居場所」「自分ひとりの居場所」が挙げられるようになるという発達的な変化も示されています。

心の居場所の心理的効果

　「心の居場所」は，子どもに対してどのような心理的効果を与えているのでしょうか。先述した杉本・庄司（2006）は，質問紙調査の結果から，「被受容感」「精神的安定」「行動の自由」「思考・内省」「自己肯定感」「他者からの自由」という6つの特徴（因子）を抽出しています。「被受容感」を構成する項目には「自分を本当に理解してくれる人がいる」「悩みを聞いてくれる人がいる」「人と一緒にいられる」といった項目が含まれていました。「精神的安定」因子には，「満足する」「無理をしないでいられる」などの項目が含まれていました。「行動の自由」因子には「自分の好きなことができる」「自分の好きなよ

うにできる」,「思考・内省」因子には「自分のことについてよく考える」「物思いにふける」などの項目,「自己肯定感」因子には「何かに夢中になれる」「自分の能力を発揮できる」,そして「他者からの自由」因子には「他人のペースに合わせなくていい」「人を気にしなくていい」などの項目が含まれていました。

学校生活における友人や教師との関係,発達に伴う家族との関係といった視点はもちろん重要ですが,自分のことをありのままで受け入れてくれる居場所を本人なりにみつけていくことも重要ではないでしょうか。安心して過ごせるところ,つまり自分の気持ちを素直に表現してもそれが否定されないところや,自分の役割が実感できるために自己肯定感が取り戻せるところ,自分一人でも楽しく過ごせるところを見つけていくことは,思春期から青年期における課題のひとつと言ってよいかもしれません。

3 教育相談 誰を頼ったらいいの？

教育相談とは

学校生活を送っていく中で,子どもが学校に行き渋るようになったり,自分一人では解決が難しい人間関係や学業面での悩み事を抱えてしまったりすることが出てくるかもしれません。そして,そのような子どもの様子に対して,親としてもどう対応したらよいか悩んでしまうこともあるかもしれません。そのような時,教育相談という仕組みがあります。

教育相談(室)は,自治体によって形態は異なりますが,ほとんどの市区町村に設置されています。「教育」という言葉が入っている通り,子どもが育っていく中で表れてくるさまざまな心理面,教育面の困難について援助を行う相談機関です。費用がかからず(相談は無料),距離的に身近で,医療機関より敷居が高くない,子どもを中心に据えた相談の場であると言えます(高野,2012)。

教育相談を担当する相談員は，心理職の場合もあれば教職経験者の場合もあります。相談内容は一人ひとり異なり，多様です。発達特性に起因する特別な支援を必要とする子どもの相談，不登校や集団への不適応といった学校や集団の中での過ごしづらさをみせる相談などもあります。年齢が上がってくると，精神疾患などの症状がみられる相談もあります。さらには，家庭が抱える課題（家族間の葛藤や夫婦の問題など）を子どもが背負って「行動上の問題」として表してしまっている場合もあります（高野，2012）。

教育相談で行うこと

　「令和2年度問題行動等調査」によれば，不登校児童生徒19.6万人のうち，学校内外で相談・指導等を受けたのは12万8833人であり，不登校児童生徒に占める割合は65.7％という報告がなされています。これは言い換えれば残りの約3割以上は相談・指導等につながっていないことを意味しています。さらに，「学校に行きづらいと感じ始めた時に相談した相手」について，小学生・中学生とも半数が家族に相談しているものの，約4割は「誰にも相談しなかった」と回答しており，特に低学年で不登校になった児童生徒にその傾向がより強く表れているという報告がなされています。

　文部科学省の調査からみえてくることは，不登校の要因や背景，不登校である期間やその受け止め方が個々の状況によって多様であり，それによって支援ニーズも多岐にわたるという点です。そのため，日頃の児童生徒理解や適切な目配りはもとより，児童生徒本人とその家族の話をよく聞き，個々のニーズを把握した上で対応を行う必要があります。

　教育相談の中では，まず子どもの理解や家族の状況や支援ニーズの把握，つまり**アセスメント**（見立て）を行います。アセスメントの過程で，子どもの知的発達状況や発達の偏りや凸凹について把握するために，必要に応じて，知能検査や発達検査を行うこともあります。アセスメントを行い，支援の方向性についてある程度の見通しを立ててから，**プレイセラピー**，**カウンセリング**などの個に沿った支援を行います。現在通っている学校に行くことが難しい場合に

は，**教育支援センター**（適応指導教室）や民間の団体（フリースクール）に行く，不登校の子どものために特別なカリキュラムをもつ学校に行くなどの選択肢があります。近年では，ICT などを通じた支援なども増えてきています。また，必要な場合はより専門的な療育機関や病院・クリニックなどの医療機関との連携を行うこともあります。

新しい人間関係の構築と進路選択

　不登校とは学校に行っていないことなので，よくないこととみなされやすいです。しかし，不登校は問題行動ではなく，子どもを取りまく環境によっては，不登校はどの子どもにも起こりうるものと考えていくことが重要です。子どもへの支援の際は，登校することが目的ではなく，子どもが自分の進路を自ら考え，社会的に自立する力を涵養することを目指すことが大切です。教育相談における相談者との出会い，時にはフリースクールなどの学校外での他者との出会いなど，新しい人間関係や居場所を構築することを通して，その子ども（時には家族ぐるみで）が，自分なりに進路選択を行っていけるようサポートすることが支援者には求められると言えます。

　適応とは，個人と環境とが調和（フィット）している状態であると言えます。もし，個人と環境とがミスマッチを起こしている場合，生活のしづらさ，ひいては不適応が生じやすくなると言えます。人は発達の過程で環境にある程度適応していくことができますが，適応が難しかった場合には，異なる居場所を探していく柔軟性も重要かもしれません。困った時に一人で悩みを抱え込まず，思い切って相談することができる環境を整えることが大切です。

引用文献

Giacobello, J. (2000) *The dangers of overachieving: A guide for relieving pressure and anxiety.* New York: The Rosen Publishing Group, Inc.

石津憲一郎・安保英勇（2008）「中学生の過剰適応傾向が学校適応感とストレス反応に与える影響」『教育心理学研究』**56**, 23-31。

厚生労働省「政策レポート　ひきこもり施策について」　https://www.mhlw.go.jp/seisaku/20
10/02/02.html（2022年6月10日閲覧）。

文部科学省初等中等教育局児童生徒課（2021）「令和2年度　児童生徒の問題行動・不登校等
生徒指導上の諸課題に関する調査」。

文部科学省（2022）「不登校に関する調査研究協力者会議報告書～今後の不登校児童生徒への
学習機会と支援の在り方について～」　https://www.mext.go.jp/content/20220610-mxt_jido
u02-000023324-03.pdf　（2022年7月23日閲覧）。

内閣府「ひきこもりに関する調査について」　https://www8.cao.go.jp/youth/suisin/yuushiki
sya/k_4/pdf/s2.pdf　（2022年6月25日閲覧）。

中井大介・庄司一子（2008）「中学生の教師に対する信頼感と学校適応感との関連」『発達心理
学研究』**19**(1), 57-68。

大久保智生（2005）「青年の学校への適応感とその規定要因──青年用適応感尺度の作成と学
校別の検討」『教育心理学研究』**53**, 307-319。

Oleson, K. C., Poehlmann, K. M., Yost, J. H., Lynch, M. E., & Arkin, R. M. (2000) Subjective
overachievement: Individual differences in self-doubt and concern with performance. *Jour-
nal of Personality*, **68**, 491-524.

杉本希映・庄司一子（2006）「「居場所」の心理的機能の構造とその発達的変化」『教育心理学
研究』**54**, 289-299。

高野久美子（2012）『教育相談入門　心理援助の定点』日本評論社。

「対人関係や他者とのコミュニケーション」を広く学びたい方はこちら！

菅野仁（2008）『友だち幻想──人と人の〈つながり〉を考える』ちくまプリマー新書。
　　社会学がベースにあるものの，現代社会に求められている「親しさ」とはどのようなもので
　　あるかととらえ直そうとまとめられたテキスト。他者との関係のあり方について，コミュニ
　　ケーションにおけるルールの考え方についてとらえ直し，論考を深める一冊。

COLUMN
15　ギフテッドと呼ばれる子どもたち（発達障害）

先輩さん，私の友達に，とても勉強はできるのに友達付き合いが苦手な人がいるんです。ささいなことで怒ったり，こちらの思いや意図を汲んでくれなかったりしてコミュニケーションがかみ合いにくい人がいて……。根は良い人だと思うんですが。

誰にだって得意不得意はあるものだけど，その得意・不得意の凸凹が顕著な場合，その発達特性に起因して対人関係や生活のさまざまな面で困り感が生じやすい人達がいるんだよ。

　数学はとても得意な一方で国語などで心情の読み取りが苦手だったり，運動面でのぎこちなさがみられたり……。得意なことと苦手なことの凸凹（アンバランスさ）が顕著にみられる場合，**発達特性**という言葉が用いられます。そして，発達特性に起因した生活のしづらさがみられる場合，**発達障害**（自閉スペクトラム症，注意欠如多動性障害，特異的学習障害など）の診断が下りることがあります。

　発達障害は，現在は生まれつきの脳機能（神経系）の問題であると言われています。どの診断カテゴリーにおいてもIQ（知能指数）で測定されるような知的機能にも顕著な個人差がみられます。同年代の子どもたちと比べて学習面での定着に時間がかかる子どももいれば，IQが非常に高いがゆえに同年代の友達と（年齢相応の）関係を構築することが難しい子どももいます。このようなIQが高い発達障害の子どもたちは**ギフテッド**と呼ばれることがあります。

　ギフテッドの子どもたちは，学校場面では羨望やひがみの対象となり，ちょっかいやいじめの対象となりやすいことがあり，学校教育に不適応を起こすケースも多々あります。子どもへの支援を考える時に，「○○ができない（だから支援をしなければならない）」という視点だけでなく，「ある面の能力が高すぎて不適応を起こしてしまう（その子にあった環境はどのようなものか）」といった視点も持ち合わせておくことが重要だと考えられます。

あ と が き

　教育心理学のテキストが数ある中で，本書を手に取っていただき，ありがとうございます。このテキストは，編者がまえがきに書いたような思いから企画がはじまり，1年半経過し，ようやく本の形になりました。

　私が編者の思いを最初に聞いたときに，「いいね！」と感じたのは，「学生が自ら教育心理学の木を育てる」という箇所でした。魅力的なテキストが生まれる予感がしました。そのコンセプトがよくわかる文章が企画趣旨の中にありますので，少し長いですが，2箇所だけ引用します。

　「教育心理学という木を育てる以前から，学習者自身も発達や学習を経験してきており，それらは教育心理学の木を植えつけるための土壌になる。学習者自身の土壌には，周囲の環境，家族や友達・教師などの人間関係，文化などが含まれており，これらを通して自己の経験が耕されていく」。この文章から，編者が学習者自身の豊かな経験を大切にしていることがわかります。

　「学生が自身の経験をもとにしながら教育心理学を学んでいく。具体的には，学習者自身のこれまでの発達や学習を通して経験してきたことを，心理学という学問でとらえ直し，新たな発見・気づきを獲得する。そして，学問として学んだ知見を，再び学習者の経験や日常・これからに結びつけていくことを目指す」。この文章からは，教育心理学の木を育てる際に行ってほしいことがわかります。

　本書の企画趣旨や全体の構成は，各章の冒頭にあるダイアローグのような対話を，編者と監修者の間で，また，出版社の方との間で，Web会議，チャット，電子メールといったツールを使って行い，練り上げました。

　そうした企画趣旨に賛同し，テキストづくりに参加していただいた執筆者は，各章のテーマに精通した若手から中堅の研究者ですが，この方々とも，各章の原稿の内容に関して，編者，監修者の三者で対話を行いました。執筆者の世代が，大学生を中心とした読者の方の世代に比較的近いこともあり，冒頭の対話

をはじめとして用語の解説なども，読者の「経験」と重ねやすい内容に仕上がり，企画が半分実現できたと感じています。

企画の残り半分は，みなさんが教育心理学の木を育てることによって実現します。まえがきにある樹木の姿は，育った木の一例であって，皆さん自身が経験をもとにしながら，木を育てる必要があります。樹木のたとえだけだと経験とつながる具体的なイメージがわかない人もいるかもしれませんので，本を編むから連想した布を織るイメージを使って，補足説明をしましょう。

布は縦糸と横糸が組み合わされて織られています。本書の横糸は，各章の内容で，目次という形で示されています。しかし，紙幅の関係もあり，経験との関連づけが十分ではありません。縦糸は，各章相互の関係です。こちらは，本文において，たまに第〇章参照といった記述があるものの，横糸のようにはっきりと示されていません。

そこで，編者や私は，読者のみなさんに以下のことを期待しています。まず，横糸である各章の内容に，自分の経験の糸をより合わせて，横糸を太くしっかりとしたものにしてください。次に，15本の横糸の内容を見ながら，相互に関係がありそうな部分を見つけ，どのように関係しているか考えてください。そうすると，ある横糸の一部と別の横糸の一部の繊維がつながり，縦糸が紡がれていきます。この関係づけの作業を繰り返し行ううちに，縦糸が増え，それが太くなった横糸と組み合わされることにより，りっぱな教育心理学の布が完成するはずです。

では，経験の糸を「より合わせる」には，何をすればよいでしょうか。その一つは，最初に引用した編者の言葉の中や，その後に私が書いた文章の中にあります。それは「対話」です。各章の冒頭のダイアローグのように，教育心理学に関連することに関して，同級生，後輩や先輩，教員などと話をしてみてください。自分との対話でも結構です。自問自答が続かない場合は，テキストを読みながら，内容に関連する自分の経験を思い出しましょう。

みなさんがこれまで発達や教育，学習をとおして経験してきたことは，このテキストに書かれている内容とは比較にならないぐらいに膨大だと思います。

しかし，経験しただけだと，その内容を意識化，言語化することや，一般化したり応用したりすることが難しいはずです。それに対して，テキストの記述は概念化されており，役立つ知識や用語，理論が紹介されています。

　対話したり考えたりする際は，自分の経験とテキストの記述，どちらから出発しても大丈夫です。自分の経験から出発する場合，自分ではうまく意識化，言語化できなかったことに対応する用語にテキストで出会えば，それを使って自分の経験を思索や対話の対象にすることができ，理解の世界が広がります。テキストの記述から出発する場合は，抽象的な知識や用語などを，いかに自分に落とし込むかが鍵となります。その知識や用語を，これまでの自分の具体的な経験と関連づけたり，これからの自分の行動に反映させたりしてください。用語などは，テストのためだけに覚えるのではなく，何かを理解したり，説明したり，問題を解決したりするために使ってください。そして，人生をよりよいものにしてください。

　織るという漢字の偏を，「いとへん」から「ごんべん」に換えると，識という漢字になります。糸を交互に組むと布ができますが，言葉を交互に組むと，知識や認識になります。対話を通して新しい認識の枠組みが形成されると，発達や教育，学習などの見方や考え方が，まるで不思議な眼鏡をかけたかのように，変化するはずです。そのようなときが訪れるまで，そして，それからも，みなさんの対話が続くことを，また，このテキストが対話のきっかけとなることを，願っています。

監修者　杉村　伸一郎

索　引
（＊は人名）

【監修者紹介】

杉村　伸一郎 (すぎむら・しんいちろう)

　現　在　広島大学大学院人間社会科学研究科教授
　主　著　『実験で学ぶ発達心理学』（共編著）ナカニシヤ出版，2004年。
　　　　　『教育・発達心理学（心理学研究の新世紀③）』（共編著）ミネルヴァ書房，2012年。
　　　　　『保育の心理学（新・基本保育シリーズ⑧）』（共編著）中央法規出版，2019年。

【執筆者紹介】（執筆順，＊は編著者，＊＊は監修者）

＊三宅　英典 (まえがき，第1章)
編著者紹介参照

浅川　淳司 (第2章)
愛媛大学教育学部准教授

柳岡　開地 (第3章)
大阪教育大学総合教育系特任講師

池田　慎之介 (第4章)
金沢大学人間社会研究域学校教育系准教授

近藤　綾 (第5章)
園田学園女子大学人間教育学部准教授

近藤　龍彰 (第6章)
富山大学教育学部講師

日原　尚吾 (第7章)
松山大学経営学部准教授

山根　嵩史 (第8章)
川崎医療福祉大学医療福祉学部講師

徳岡　大 (第9章)
人間環境大学総合心理学部講師

小澤　郁美 (第10章)
富山大学教育学部講師

及川　智博 (第11章)
名寄市立大学保健福祉学部講師

水野　君平 (第12章)
北海道教育大学教育学部（旭川校）准教授

遠山　孝司 (第13章)
鎌倉女子大学児童学部准教授

田中　光 (第14章)
高知工科大学共通教育教室講師

村上　太郎 (第15章)
常葉大学保育学部准教授

＊＊杉村　伸一郎 (あとがき)
監修者紹介参照

【編著者紹介】

三宅　英典（みやけ・ひでのり）
　現　在　金城学院大学人間科学部講師
　主　著　『保育実習指導Ⅰ・Ⅱ・Ⅲ』（共著）東雲出版，2019年。
　　　　　『保育・幼児教育・子ども家庭福祉辞典』ミネルヴァ書房，2021年。

あなたの経験とつながる教育心理学

2023年5月30日　初版第1刷発行　　　　　　〈検印省略〉

定価はカバーに
表示しています

監　修　者　　杉　村　伸一郎
編　著　者　　三　宅　英　典
発　行　者　　杉　田　啓　三
印　刷　者　　中　村　勝　弘

発　行　所　株式会社　ミネルヴァ書房
607-8494　京都市山科区日ノ岡堤谷町1
電話代表　075-581-5191
振替口座　01020-0-8076

© 三宅英典ほか，2023　　　　　　中村印刷・坂井製本

ISBN978-4-623-09544-5

Printed in Japan

やわらかアカデミズム・〈わかる〉シリーズ

B5判・美装カバー

見開きでワンテーマをわかりやすく紹介。注や図表も豊富に掲載しているので初学者の入門書に最適。

よくわかる心理学	無藤隆/森敏昭/池上知子/福丸由佳 編	本体3000円
よくわかる発達心理学 [第2版]	無藤隆/岡本祐子/大坪治彦 編	本体2500円
よくわかる臨床発達心理学 [第4版]	麻生武/浜田寿美男 編	本体2800円
よくわかる臨床心理学 [改訂新版]	下山晴彦 編	本体3000円
よくわかる教育心理学 [第2版]	中澤潤 編著	本体2600円
よくわかる学校教育心理学	森敏昭/青木多寿子/淵上克義 編	本体2600円
よくわかる学校心理学	水野治久/石隈利紀/田村節子/田村修一/飯田順子 編著	本体2400円
よくわかるインクルーシブ教育	湯浅恭正/新井英靖/吉田茂孝 編著	本体2500円
よくわかるインクルーシブ保育	尾崎康子/阿部美穂子/水内豊和 編著	本体2500円
よくわかる言語発達 [改訂新版]	岩立志津夫/小椋たみ子 編	本体2400円
よくわかる情動発達	遠藤利彦/石井佑可子/佐久間路子 編著	本体2500円
よくわかる乳幼児心理学	内田伸子 編	本体2400円
よくわかる青年心理学 [第2版]	白井利明 編	本体2500円
よくわかる家族心理学	柏木惠子 編著	本体2600円
よくわかるパーソナリティ心理学	吉川眞理 編著	本体2600円

━━━ ミネルヴァ書房 ━━━

https://www.minervashobo.co.jp/